中华精神家园

古建之魂

# 宝塔珍品

## 巧夺天工的非常古塔

肖东发 主编　李丹丹 编著

中国出版集团

现代出版社

图书在版编目（CIP）数据

宝塔珍品 / 李丹丹编著. — 北京：现代出版社，
2014.7（2019.1重印）
ISBN 978-7-5143-2307-8

Ⅰ．①宝… Ⅱ．①李… Ⅲ．①古塔－介绍－中国
Ⅳ．①K928.75

中国版本图书馆CIP数据核字(2014)第163528号

## 宝塔珍品：巧夺天工的非常古塔

主　　编：肖东发
作　　者：李丹丹
责任编辑：王敬一
出版发行：现代出版社
通信地址：北京市定安门外安华里504号
邮政编码：100011
电　　话：010-64267325　64245264（传真）
网　　址：www.1980xd.com
电子邮箱：xiandai@cnpitc.com.cn
印　　刷：三河市华晨印务有限公司
开　　本：710mm×1000mm　1/16
印　　张：10
版　　次：2015年4月第1版　2021年3月第4次印刷
书　　号：ISBN 978-7-5143-2307-8
定　　价：29.80元

　　党的十八大报告指出："文化是民族的血脉，是人民的精神家园。全面建成小康社会，实现中华民族伟大复兴，必须推动社会主义文化大发展大繁荣，兴起社会主义文化建设新高潮，提高国家文化软实力，发挥文化引领风尚、教育人民、服务社会、推动发展的作用。"

　　我国经过改革开放的历程，推进了民族振兴、国家富强、人民幸福的中国梦，推进了伟大复兴的历史进程。文化是立国之根，实现中国梦也是我国文化实现伟大复兴的过程，并最终体现为文化的发展繁荣。习近平指出，博大精深的中国优秀传统文化是我们在世界文化激荡中站稳脚跟的根基。中华文化源远流长，积淀着中华民族最深层的精神追求，代表着中华民族独特的精神标识，为中华民族生生不息、发展壮大提供了丰厚滋养。我们要认识中华文化的独特创造、价值理念、鲜明特色，增强文化自信和价值自信。

　　如今，我们正处在改革开放攻坚和经济发展的转型时期，面对世界各国形形色色的文化现象，面对各种眼花缭乱的现代传媒，我们要坚持文化自信，古为今用、洋为中用、推陈出新，有鉴别地加以对待，有扬弃地予以继承，传承和升华中华优秀传统文化，发展中国特色社会主义文化，增强国家文化软实力。

　　浩浩历史长河，熊熊文明薪火，中华文化源远流长，滚滚黄河、滔滔长江，是最直接的源头，这两大文化浪涛经过千百年冲刷洗礼和不断交流、融合以及沉淀，最终形成了求同存异、兼收并蓄的辉煌灿烂的中华文明，也是世界上唯一绵延不绝而从没中断的古老文化，并始终充满了生机与活力。

　　中华文化曾是东方文化摇篮，也是推动世界文明不断前行的动力之一。早在500年前，中华文化的四大发明催生了欧洲文艺复兴运动和地理大发现。中国四大发明先后传到西方，对于促进西方工业社会的形成和发展，曾起到了重要作用。

中华文化的力量，已经深深熔铸到我们的生命力、创造力和凝聚力中，是我们民族的基因。中华民族的精神，也已深深植根于绵延数千年的优秀文化传统之中，是我们的精神家园。

总之，中华文化博大精深，是中国各族人民五千年来创造、传承下来的物质文明和精神文明的总和，其内容包罗万象，浩若星汉，具有很强的文化纵深，蕴含丰富宝藏。我们要实现中华文化伟大复兴，首先要站在传统文化前沿，薪火相传，一脉相承，弘扬和发展五千年来优秀的、光明的、先进的、科学的、文明的和自豪的文化现象，融合古今中外一切文化精华，构建具有中国特色的现代民族文化，向世界和未来展示中华民族的文化力量、文化价值、文化形态与文化风采。

为此，在有关专家指导下，我们收集整理了大量古今资料和最新研究成果，特别编撰了本套大型书系。主要包括独具特色的语言文字、浩如烟海的文化典籍、名扬世界的科技工艺、异彩纷呈的文学艺术、充满智慧的中国哲学、完备而深刻的伦理道德、古风古韵的建筑遗存、深具内涵的自然名胜、悠久传承的历史文明，还有各具特色又相互交融的地域文化和民族文化等，充分显示了中华民族的厚重文化底蕴和强大民族凝聚力，具有极强的系统性、广博性和规模性。

本套书系的特点是全景展现，纵横捭阖，内容采取讲故事的方式进行叙述，语言通俗，明白晓畅，图文并茂，形象直观，古风古韵，格调高雅，具有很强的可读性、欣赏性、知识性和延伸性，能够让广大读者全面接触和感受中国文化的丰富内涵，增强中华儿女民族自尊心和文化自豪感，并能很好继承和弘扬中国文化，创造未来中国特色的先进民族文化。

2014年4月18日

## 大理象征——崇圣寺三塔

## 天地四方——西湖六和塔

## 天下第一塔——开封铁塔

## 纯木大塔——释迦塔

## 古塔荟萃——四大古塔

# 崇圣寺三塔

　　崇圣寺三塔位于云南大理以北1.5千米的苍山应乐峰下的原崇圣寺正前方。它背后是终年积雪的苍山，前面是碧波荡漾的洱海，与"玉洱银苍"浑然一体，展现出一种自然、典雅的东方美。崇圣寺初建于南诏丰佑年间，大塔"千寻塔"先建，南、北小塔后建，寺中立塔，故塔以寺得名。崇圣寺三塔是云南古代历史文化的象征，也是我国南方最古老、最雄伟的建筑之一。

# 传观音助南诏大理建国

阿嵯耶观音塑像

　　传说，阿嵯耶观音初到大理地区的平普涅一带时，他不惜用肉体生命来感化生灵，希望将人们从愚顽状态中解救出来。不仅如此，观音还为这里的人们做过许多善事，最主要的就是为南诏国选定了开国皇帝。

　　传说在南诏建国之前，云南西部地区一直由白国统治着各部族。

　　张乐进求是当时白国的国王，他有三个姑娘，大姑娘和二姑娘性情文静，十分听话，父王很喜欢她俩。三姑娘名叫金姑，虽然她也很聪明能干，能歌善舞，但由于她性情倔强，连父王都敢回嘴。因此，张乐进求不

■ 大理白族照壁建筑

像喜欢大姑娘和二姑娘那样喜欢她。

有一次，张乐进求带着家小回家乡祭祖。在一个大白月亮的晚上，金姑背着家人偷偷地跑到洱海边，与白族青年男女一起对歌玩耍去了。

张乐进求知道后很生气，第二天早上便把金姑骂了一顿。金姑不但不向父王认错，反而回了嘴，这一来，就更加惹恼了张乐进求，张乐进求说她伤风败俗，有损王家尊严，叫她永远不要回王家门。

金姑万万没有想到父王会如此对她，一气之下，她便跑出家门，顺着洱海，一直往南走去。虽然沿途风光十分迷人，但金姑一点看景心情也没有。

她又渴又饿，筋疲力尽。不知不觉间，金姑来到七五村东南面的二台坡，在一棵粗大的古松树下歇息，一会儿她就睡着了。

黄昏时候，有个20多岁的猎人经过这里，他身背

**白族** 是我国西南边疆的一个少数民族。在4000多年前的新石器时代，白族先民就在以苍山洱海和滇池为中心的地区生息繁衍，他们在河旁湖滨的台地上创造了早期的稻作文明，过着农耕渔猎和游牧的生活。

■ 千寻塔

**巍宝山** 巍山县县城是著名的国家历史文化名城，巍宝山在县城东南约10千米处。巍宝山是细奴逻的发祥地，相传细奴逻年轻时在巍宝山悉心躬耕，家业逐渐兴旺，由于他胆略超群，才智过人，而且家人又乐善好施，因此颇得民心。

弓箭，肩上扛着一只打死的麂子。当他发现大树下睡着一个姑娘时，感到很奇怪，正要上前看个明白，忽见一条大蛇从树上往姑娘的睡处爬去。他急忙取下弓箭对着大蛇"嗖"地一箭，就射死了大蛇。

响声惊醒了金姑，当她睁开眼睛，看到身边有个五大三粗满脸麻子的男人时，她吓了一大跳。她再看看身旁死去的大蛇，就更觉害怕了。

猎人憨厚地指着死去的毒蛇说："别害怕！姑娘，我已把它射死了。我名叫细奴逻，是巍宝山的猎人，不会加害于你的。"

细奴逻告诉她这里常有野兽出没，太危险了。为防野兽，他烧起火堆，又给金姑烧麂子肉吃。金姑见他虽然长得丑陋，但心地善良，便如实相告了自己的身份。

细奴逻知道姑娘原来是三公主以后，也讲起了自己的身世，说他原先住在哀牢山，母亲名叫茉莉羌，因为发生瘟疫，父亲病死后，母亲便带他来到蒙舍川以种地和狩猎为生。

细奴逻对金姑说："既然白王把你撵出家门，不如你就跟我回去，我一定能让你吃穿不愁。"

金姑一时犹豫起来，想到这关系到自己的终身大事，父王不在身边，只有祈求天神指引了，于是她便默默祷告起来。

这时，观音化作一位白胡子老人走来对金姑说："细奴逻虽然是个猎人，但有王者之福，嫁给他吧！这是命中的姻缘！"

细奴逻和金姑便结成了夫妻。金姑结婚的事传到了父王那里，张乐进求认为女儿是被自己赶出家门的，也就没有追究。

后来，年纪越来越大的张乐进求，想找一个能继承王位的人，他左思右想，最后决定从3个姑爷中挑选一个。他认为大姑爷和二姑爷两个都有不足之处，一个生性多疑好嫉妒，一个好大喜功易暴怒。

张乐进求便令细奴逻夫妇前来见他。经过多次考察后，张乐进求觉得细奴逻是个精明过人、武艺超群和忠厚善良的好人。

**箭** 又名"矢"，是一种借助于弓、弩，靠机械力发射的具有锋刃的远射兵器。因其弹射方法不同，分为弓箭、弩箭和掷箭。箭的历史是伴随着弓的产生，远在石器时代箭就作为人们狩猎的工具。传说黄帝战蚩尤于涿鹿，纯用弓矢以制胜，是用弓矢之最早者。

■ 大理古城城楼

宝塔珍品

巧夺天工的非常古塔

**皮罗阁** 又名"魁乐觉"。太宗盛逻皮之子。他承袭王位后，推进了和唐朝的友好关系。738年，他被唐玄宗封为越国公，赐名归义。经唐玄宗允准，他又统一了六诏，唐玄宗进而封他为云南王。

张乐进求就召集文武大臣和众酋长，按照当时的习俗，在广场的一棵梧桐树上挂一只鸟笼，笼门开着，里面放一只金丝鸟。

文武大臣都到齐时，张乐进求便大声说道："我已年老体弱，无力再料理国事，今天我就准备让位……"

白王的话还没说完，梧桐树上的金丝鸟忽然从笼里飞出来，落在细奴逻的肩上大声叫道："天王细奴逻！天王细奴逻！"

在场的臣民都很惊奇。张乐进求觉得这是天意，便对众臣们说："你们看见了吧！这是天意，天意不可违啊！我要把王位让给细奴逻，让他当国王。"

人们早就听说细奴逻是个有胆有识的能干之人，再加上刚才的看到情景，大家个个都表示赞同。

细奴逻却推辞说："谢父王和大臣们恩典，只怕我治国无能，有负众望，还请多多斟酌。"

白王张乐进求说："贤婿不要再推辞了，只有你来继承王位才最合适。"

细奴逻说："既然父王如此厚爱，那就请天神最后来决断吧！"

张乐进求同意了。细奴逻来到一块大石头面前，跪下对天盟誓："天神在上，要是我能当王，一刀

■ 张乐进求塑像

张乐进求

■ 唐高宗李治（628—683），字为善，唐太宗第九子，母文德顺圣皇后长孙氏，631年封晋王。太宗去世，李治即位，是为唐高宗，时年22岁。

砍下去，刀进石三寸；要是我不配当王，一刀砍下去，刀不进石。"

说完，细奴逻就往大石上砍去，不多不少，刀砍进石头的深度恰好是三寸。

张乐进求说："看，这就是天意。"说罢高兴地大笑起来。

其实，这一切都是观音菩萨暗中安排好的，不论是金丝鸟的叫声，还是细奴逻用刀砍石。

于是，细奴逻就接受了王位，改国号为"大封民国"，又称"蒙舍诏"，自号奇嘉王，从此，他实行世袭制，共经历了13代，历时253年。

在这一时期，云南西北洱海一带，分布着六个比较大的部落，称为"六诏"。其中的蒙舍诏，在六诏的最南面，所以又称"南诏"。这六个部落为争夺统领权进行了长期争斗。

653年，细奴逻敬服唐朝的高度文明，就派儿子逻盛赴长安朝见唐高宗，表示愿意归附唐朝。于是，唐高宗封细奴逻为巍州刺史，从此南诏接受了唐朝的领导。

在当时，南诏实力最强，欲求一统六诏，唐王朝

**观音** 又作"观世音菩萨""观自在菩萨""光世音菩萨"等，是四大菩萨之一。她相貌端庄慈祥，经常手持净瓶杨柳，具有无量的智慧和神通，大慈大悲，普救人间疾苦。当人们遇到灾难时，只要念其名号，便前往救度，所以称"观世音"。在佛教中，她是西方极乐世界教主阿弥陀佛座下的上首菩萨，同大势至菩萨一起，是阿弥陀佛身边的胁侍菩萨，并称"西方三圣"。

为了减轻与古代藏族吐蕃的纷争问题，大力支持南诏统一其他各个部落。

738年，南诏第四代王皮罗阁，也就是细奴逻的曾孙，在唐王朝支持下，一举统一了五诏，建立了统一的南诏国，并以其族姓"蒙"为国号，第二年迁都太和城，也就是大理。

传说观音菩萨对南诏国的建立起了决定性的作用，阿嵯耶观音进而成为大理地区人们的精神支柱，被当地人们景仰和奉颂。后来，人们称阿嵯耶观音为"建国观音"。

人们为了感激观音救民于水火的圣恩圣举，纷纷捐献各种铜器，用于铸造观音圣像。后来，人们在兴建崇圣寺三塔时，就铸造了许多观音的塑像。

## 阅读链接

传说张乐进求在位时的白国，强悍的外族驻扎在大理七里桥，准备大举进攻白国。观音菩萨巡天来到白国上空，见白国百姓就要遭到外族的屠杀，于是就施法变成一个80多岁的老妇，背着一块大岩石，迈着轻松的步子朝敌兵走去。

外族首领见此情形，就问道："哎！你这个老太婆咋能把这么大一块岩石背起来？"

老妇满不在乎地说："我是听说你们要来攻打白国，先来看看你们有多大本领，能不能打得过我后面的年轻人。"

外族首领又问："后面的年轻人有多大本事？"

老妇答："他们呀，像我背的大岩石，一只手就轻轻举起来，一丢就能丢到百步远。每个人还有一把百多斤重的大刀，杀人就像切菜！"

外族首领听了，吓得面如土色，连忙退兵。白国兵马借助神力，乘势追杀，打得外族人落荒而逃。

老妇见战事已平，就把岩石丢在七里桥，还形为观音菩萨，回到了天上。从此，外族人不敢再来攻打白国了。

# 南诏崇佛治水建三塔

■ 大理南诏王龙椅

在漫长的发展史上，佛教一度是南诏国和大理国的国教。到了南诏国后期，佛教已达极胜，佛寺遍布云南，有小寺三千，大寺八百。经过了南诏之后的大理国，佛教比南诏时期更为发展了。

据说南诏第三代王盛逻皮继位后，十分崇信佛教，他曾经塑造了大黑天神圣像。据说，在塑像将成时，有一位天竺来的僧人，为大黑天神像开光。这更拉近了南诏王室与佛教的关系。

到了南诏第五代王阁罗凤时，

■ 为宣扬佛教而修建的三塔

**灌顶** 是佛以大慈大悲，将最好的顶法传授给你，叫做"灌顶"。有"驱散""注入"之意，也可以译为"授权"。梵语的意译是原为古印度帝王即位的仪式。灌顶是藏传佛教中最重要、最基本的宗教仪式，也是每个僧人所必须履行的过程。

佛教密宗与王室的关系更进一步加强了，不仅国王信仰佛教密宗，在王室成员之中，还出现了像阁罗凤弟弟阁陂和尚这样的重要人物。

王室与佛教关系的密切，还体现在对僧人的尊敬上。据记载，南诏时期，有7位天竺高僧，先后在南诏得到礼遇，号称"七师"。

这些僧人甚至利用一种来自于印度王室确认王子，或新登基国王获得合法地位的仪式，为南诏诸王灌顶，即所谓"摩顶蒙氏以主斯土"。

为南诏诸王灌顶的这种做法，一方面使南诏国王与王室获得了"君权神授"的权威；另一方面，因为佛教密宗阿叱力教派的地位不断提高，在南诏社会生活中的影响不断扩大，从而推动了佛教密宗的传播。

僧人备受王室青睐和尊重的主要表现，是南诏、大理国均有封佛教密宗阿叱力教派中的高僧大德为

"国师"的传统。

到了南诏第十代王劝丰佑在位时期，王室成员俱皈依佛法，劝丰佑的母亲还出家为尼，他的妹妹越英公主则嫁给了来自天竺的阿叱力僧赞陀屈多。同时，劝丰佑还颁行法令，让他的臣民虔敬三宝，每户供佛像一堂。

就在这一时期，这里少数民族的祖先们，为了宣扬佛教，便修建了三塔。

修建三塔，除了佛家所宣扬的可以成佛外，还有一个重要原因。据记载，大理古为"泽国"，多水患，为了镇住造成水患的龙，根据"龙性敬塔"而修建了三塔，希望平息给百姓带来灾难的水患。

相传那时修建三塔，采用垫一层土修一层塔的方法，当塔修好以后，才将土逐层挖去，让塔显露出来，因此有"堆土建塔"与"挖土现塔"之说。

建塔时所搭的桥，高得如山丘，长达10余里。那时修塔运力不足，还用山羊来驮砖，后来大理的银桥村，古时都称为"塔桥村"。据古籍记载，修建三塔时：

> 役工匠七百七十万，耗四万余金，历时八年建成。

崇圣寺三塔最先建了大塔"千寻塔"，这是崇圣寺三塔中最大的一个塔，位于南北两座小塔前方的中间，所

■ 最先修建起来的千寻塔

大理崇圣寺建筑群

宝塔珍品

巧夺天工的非常古塔

以又称"中塔"。塔的全名为"法界通灵明道乘塔",塔身16层,每层正面中央开券龛,龛内有白色大理石佛像一尊。

此塔高69.13米,是座方形密檐式砖塔,共16层。其基座呈方形,分三层,下层边长为33.5米,四周有石栏,栏的四角柱头雕有石狮;上层边长21米,其东面正中有石照壁,"永镇山川"四个大字即位于此,每字1.7米,笔力雄浑苍劲,气势磅礴,此字为沐英后裔明代黔国公孙世阶所书。

千寻塔以白灰涂面,每级四面有供奉佛像或神位的石室或小阁,相对的两面供佛像,称"佛龛",另两面为窗洞。塔内装有木骨架,塔身内壁垂直贯通上下,设有木质楼梯,循梯可达顶层,顶层有瞭望孔,从瞭望小孔中可以欣赏大理城全貌。

千寻塔的塔顶有金属塔刹宝盖、宝顶和金鸡等。金鸡也称"大鹏金翅鸟",是当时云南佛塔上常见的装饰动物,民间称它为"金鸡"。

据说大鹏金翅鸟与佛教的天龙八部有关。天龙八部是佛教术语,它分别是一天众、二龙众、三夜叉、四乾达婆、五阿修罗、六迦楼罗、七紧那罗、八摩呼罗迦。天龙八部中的"六迦楼罗"指的就是"金翅鸟神"。

金鸡是一种大鸟，翅的羽毛有种种颜色，头上有一颗凸起的如意珠。此鸟鸣声悲苦，以龙为食，它每天要吃1条大龙及五百条小龙。

在崇圣寺三塔所在的苍洱之间，当时为水乡泽国，水患频发。佛教传入洱海地区之后，天龙八部之一的大鹏金翅鸟，因为以龙为食，而受到了南诏大理国的重视。

因此，崇圣寺建塔时，就建造了四只大鹏金翅鸟，置于塔顶。不仅如此，崇圣寺以及附近的寺庙里，还专门给大鹏金翅鸟雕了像，以作为神来供奉。据说这只金鸡还有一个传说呢！

传说有一座山和一条河，山上住着一只金鸡，它所居住的山崖很高大，河水从山脚下流过。

一天，金鸡和住在河里的龙打赌，金鸡说："如果你能把水堵到我站的这块岩石上，我就嫁给你。"

龙听了很高兴，于是就下工夫堵水，大概用了一两年，终于把水堵到金鸡脚下。当然，金鸡不可能真心

**塔刹** 指佛塔顶部的装饰，塔刹位于塔的最高处，是塔上最为显著的标记。"刹"来源于梵文，意思为"土田"和"国"，佛教的引申义为"佛国"。各种式样的塔都有塔刹。

■大鹏金翅鸟 是神鸟，据说它的身体非常大，跟一座山似的！大鹏金翅鸟能降龙，龙一见到它，一切神通都没有了，只能在那儿等着大鹏金翅鸟来吃它。

■ 大理崇圣寺

**祝圣寺** 原名为"迎祥寺"，创建于明代，位于钵盂峰下，处全山中心位置。经虚云法师努力，历经十余年修成。寺内最主要的建筑是宏伟的大雄宝殿，正中供奉如来佛，两旁为五百罗汉，全贴有金箔，望之光彩夺目。

想嫁给龙，只是欺骗它而已。

半夜里，这只金鸡在岩石上拉了一堆屎，就飞走了，从这时起，人们就把这只金鸡称作"凤"。凤飞过了第二座山，那座山后来被人们称为"凤凰坡"。

过了凤凰坡，这只金鸡飞到了凤羽坝子。当时的凤羽坝子是个连名字都没有的荒坝，金鸡经过的时候有根羽毛掉到了坝子里，坝子里的人捡到了凤的羽毛，就把当地取名叫"凤羽"。

过了凤羽，凤飞到大理三塔寺大塔的宝顶上落脚，它在宝顶上歇了一天一夜，老百姓都跑出来看它，但都不敢驱赶它。后来，来观看的人越来越多，人们不但不驱赶它，反而烧香叩拜它。

就在这时，大理国国王的驸马仗着自己的地位尊贵，态度很蛮横，整天想着要显一显自己的本领。

于是，他拿出弓箭射了凤一箭，刚好射到了凤的膝盖上。凤被射伤之后就飞走了，据说当时凤停歇的宝顶是直的，被它一下子就踩歪了。

凤离开崇圣寺三塔后，飞到宾川的一座山上，它被射伤的脚掉在这座山上，就变成鸡爪形状的三座大山，当时，有和尚们把它取名叫"鸡足山"。一些和尚们见这座山风水很好，于是在山上盖起了一座寺院，这就是崇圣寺不远的祝圣寺。

稍后不久，在大理国段正严和段正兴在位时期，又建了南、北两小塔，三塔中的南、北两小塔在主塔之西，与主塔等距70米。两小塔之间，南北对峙，相距97.5米。

两小塔形制一样，均为10层，高42.4米，为八角形密檐式塔，外观装饰成阁楼式，每角有柱，每级设平座，顶端有镏金塔刹宝顶，非常华丽。

**密檐式塔** 为我国佛塔主要类型之一，可以说是一种由楼阁式塔演变而来的新式佛塔，多是砖石结构。密檐式塔始于东汉或南北朝时期，盛于隋、唐，成熟于辽、金，它是由楼阁式的木塔向砖石结构发展时演变而来的。

■ 大理崇圣寺钟楼

崇圣寺三塔之主塔

两小塔的每层都有出檐，角都往上翘，不用梁柱斗拱等，以轮廓线取得艺术效果。塔的通体都抹有石炭，好似玉柱擎天。

在建筑风格上两小塔与主塔，都是具有典型的唐塔风格。三塔又都具有不同于内地古塔的两个特点：塔层数均为偶数，而内地塔多为奇数；中原塔由基座向上直线收缩，下大上小，呈矩梯形，而三塔上下较小，中部较大，外部轮廓呈曲线。

修建三塔后，又建了规模宏大的崇圣寺。据《南诏野史》对崇圣寺记载：

基方七里，周三百余亩，为屋八百九十间，佛一万一千四百尊，用铜四万五百五十斛。

有"三阁""七楼""九殿""百厦"之规模。

宝塔珍品

巧夺天工的非常古塔

阅读链接

关于修建崇圣寺三塔的年代，说法颇多。据史料记载，始建于836年。在建三塔的主塔即大塔时，唐王朝还派了恭韬、微义两位著名的建筑工匠来南诏，负责塔体的设计、施工，使中原的建筑艺术在云南连续开出绚丽而奇特的花朵。

也难怪很多专家、学者认为，大理三塔的建筑风格和著名的西安大雁塔的建筑风格有异曲同工之妙，这实际上也是我国古代民族团结的最好实物见证。

# 修建规模弘大的崇圣寺

871年，南诏第十一代王蒙世隆下令，在崇圣寺内铸造一座建极大钟。大钟声音洪亮，声传八十里仍能听到。然而，大钟不幸在1856年至1872年间毁于战乱。后来，重铸的南诏建极大钟为云南第一大钟。

崇圣寺山门设有三道门，故又称"三门"，象征着佛教的"三解

■崇圣寺山门

进入崇圣寺山门后，左边是财神殿。殿内供奉骑于虎上的金甲财神像。金甲财神为赵公明，传说《封神演义》中，赵公明曾在峨眉山罗浮洞修道，身跨黑虎，助纣为虐，死后被姜子牙封为"财神爷"。也有人说，金甲财神为北方多闻天王，因为他别名"施财天"，相当于我国的财神爷。

进入山门的右边，就是药师殿。药师殿供奉一尊高1.6米的坐姿药师佛像。药师佛是梵文音译，全称是"药师琉璃光如来"，亦名"医王善逝""大医王佛"。药师佛是东方净玻璃世界的教主，与释迦牟尼佛、阿弥陀佛并称为"横三世佛"。而与其胁侍日光菩萨、月光菩萨合称"东方三圣"。

据《药师经》上说，药师佛过去世行菩萨道时，

018

宝塔珍品

巧夺天工的非常古塔

■大理崇圣寺财神殿

■ 大理崇圣寺药师殿

曾发十二大愿，愿为众生解除疾苦，使具足诸根，趋入解脱，故依此愿而成佛，住东方琉璃世界，其国土庄严如极乐国。

在财神殿和药师殿的背后，分别是钟楼和鼓楼。左侧为鼓楼，内置直径达3.1米的牛皮大鼓，也是后来全国佛教寺院中最大的牛皮鼓。右侧为钟楼，内置铜钟。晨钟暮鼓，正是佛寺僧侣们清苦淡泊、青灯古佛、虔心修行、精勤求佛的精神所在，钟、鼓也是号令僧尼的法器，是僧尼起居饮食的依据。

寺内的天王殿，又称为"护法殿"。天王殿为仿明代建筑，庑殿顶单檐五开间，中间供奉的是在佛教密宗及大理地区影响比较大的护神大黑天神。

大黑天神在密宗里属于战神，据说礼祀此神，可增威德，举事能胜。为何在大理地区供奉大黑天神，

**财神** 是我国民间普遍供奉的一种主管财富的神明。财神是道教俗神，民间流传着多种不同版本的说法，月财神赵公明被奉为正财神，李诡祖、比干、范蠡、刘海被奉为文财神，钟馗和关公被奉为赐福镇宅的武财神。日春神青帝和月财神赵公明合称为"春福"，日、月二神过年时常贴在门上。

宝塔珍品

巧夺天工的非常古塔

■ 大理崇圣寺天王殿

弥勒 是梵语，意为"慈氏"。他名叫阿逸多，生于南天竺的贵族家庭，后成为释迦牟尼的弟子，并先于释迦入灭，上生兜率天内院，做了补处菩萨，后补佛。由于弥勒袒胸露腹、眉开眼笑，使人一看便觉心情放松，因而弥勒成了中国人心目中最为和蔼可亲的宗教人物。

还有一个神话故事。

传说大黑天神是玉帝前的一名掌管天下疾病和药物的天神，玉帝听信谗言，派了大黑天神携带瘟疫和疾病到大理进行传播。

当大黑天神到了大理以后，他发现大理的人民勤劳善良，并非像玉帝所说。于是，大黑天神自己就把所有的瘟疫和疾病吃掉，全身发黑而死。后来，大理的人民为了感谢他，就把他作为护法神加以供奉。后来，大理的很多村落还把他奉为自己的本主。

在天王殿大黑天神的两边，还供奉有四大天王像，分别是手持琵琶的东方持国天王、手持宝剑的南方增长天王、手持蛇的西方广目天王和手持雨伞的北方多闻天王，它们分别代表了风、调、雨、顺。

天王殿之后是弥勒殿，它为仿宋代单檐庑殿顶七开间建筑，采用庄严典雅的和玺彩。中前供弥勒菩萨，背后供韦驮菩萨，两边列天龙八部之龙部。

弥勒殿的弥勒像高3.7米，姿态为坐姿，体形肥胖、袒胸露腹、大肚凸出、手掐串珠、笑口常开，为身着僧衣的金色圣像。

有楹联说："大肚能容，容天下难容之事；开口便笑，笑世间可笑之人。"正是他豁达、洒脱、宽容的蕴含，成为中国民间信众的做人信条。

弥勒殿的韦驮像是立像，高3米。韦驮是二十诸天中地位最为显赫的天神之一。相传他是南方增长天王手下的一员神将，其职责是保护东、南、西三洲的出家僧众，所以深受佛教的崇敬，是一般寺院必奉的护法神。

据佛教传说，在佛祖涅槃时，有两个"疾捷鬼"偷走了佛祖的两颗牙齿舍利，幸好被韦驮发现，急起直追，才得以取还。故韦驮的塑像常塑于弥勒像背后，面对大雄宝殿以示警戒。

**琵琶** 一种传统的弹拨乐器，已经有2000多年历史。最早被称为"琵琶"的乐器大约在我国秦朝出现。"琵琶"二字中的"珏"意为"二玉相碰，发出悦耳碰击声"，表示这是一种以弹碰琴弦的方式发声的乐器。"比"指"琴弦等列"。"巴"指的是这种乐器总是附着在演奏者身上，和琴瑟不接触人体相异。

■ 大理崇圣寺弥勒殿

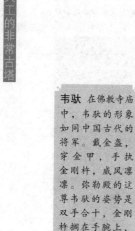

■ 大理崇圣寺观音殿

**韦驮** 在佛教寺庙中，韦驮的形象如同中国古代的将军。戴金盔，穿金甲，手执金刚杵，威风凛凛。弥勒殿的这尊韦驮的姿势是双手合十，金刚杵搁在手腕上，挺直站立，表示该寺是十方丛林大寺，具备接待云游僧人和居士的能力。

弥勒殿的大殿两边的塑像为天龙八部中的龙部众，即八部龙王。龙可以兴云布雨，令众生热恼消灭，并守护佛法，是吉祥与威严的象征。

崇圣寺的观音殿，又名"十一面观音殿"，它是崇圣寺第三大殿。观音殿属于仿明代建筑，重檐五开间，正中供奉有十一面观音像。崇圣寺十一面观音像的由来，还有一个传说。据说，天宝战争中，观音托梦阁罗凤，铸十一面观音像，才退敌军，拯救了南诏国。

正如名字所说，崇圣寺观音殿的十一面观音像共有11张面孔。一面，化恶有情；二面慈面，化善有情；三面寂静面，化导出世净业。这三面教化三界便有九面。第十面为暴笑面，表示教化事业需要有极大威严和极大意志方能无懈而有成就。最上一面为佛地，功德圆满。

观音殿两边的神像都是观音化身。为什么内地的观音只有六个化身，而这里却有八个？这是因为在观音六化的基础上，大理人又加上了在本地流传比较广的观音的两个化身，即易长观音和建国观音。

在观音殿外面的格子门上，刻有在大理地区流传比较广的观音十八变的故事。上面一层是绘画，下面一层就是所对应的文字说明。其中的建国观音就是通常所讲的梵僧观音，因为她曾经点化南诏国第一代国王细奴罗，帮助细奴罗建立了南诏国，故名"建国观音"。

在观音殿的两边，分别是南、北罗汉堂，这里供奉的是五百罗汉。关于五百罗汉还有一个故事。据说古印度有五百强盗，被俘后，全部挖去双眼放至山林。在山林里，失明的众强盗日夜啼哭，佛祖听到后，大发慈悲，用神药使他们复明，五百强盗从此皈依佛门。经多年修行，这500个皈依佛门的人，终于得成正果，成为罗汉。

经过重重殿堂，就到了崇圣寺的主体建筑大雄宝殿。大雄宝殿，

■大理崇圣寺罗汉堂

**蛟龙** 蛟和龙是不同的生物，蛟龙是蛟和龙交而成。虽然都有强大的力量，却一正一邪，有本质不同。龙则是我国传说中的一种善变化、能兴云雨、利万物的神异动物，为众鳞虫之长、四灵之首。龙在神话中是海底世界的主宰，在民间是祥瑞象征，在古时则是帝王统治的化身。

高大敞亮，金碧辉煌，为仿北京故宫太和殿修建。重檐九开间，有三层台基，殿面阔51.7米，高26米，为全国佛教寺院中体量最大的殿。

大雄宝殿内的神像造型和排列顺序，完全按照"释迦牟尼佛会图"进行雕塑和排列。正中供奉有"华严三圣"，即如来佛、文殊菩萨、普贤菩萨。在文殊菩萨和普贤菩萨两边，分别是观音菩萨和大势至菩萨，观音菩萨、大势至菩萨和极乐世界的阿弥陀佛称为"东方三圣"。

大雄宝殿内还有木雕的《大理国张胜温画梵像卷》，在天花板上，还雕有一条苍酉有劲的蛟龙，有云雨翻腾之势，称为"天龙"。

大雄宝殿的左边是祖师殿，右边是高僧殿，后面是阿嵯耶观音阁，观音阁前面是一组"九龙浴太子"的石雕。

传说，佛祖从母亲的腋下出生后，有九条龙同时

■ 大理崇圣寺"九龙浴佛"石雕

喷水，帮太子洗去身上的污秽。"九龙浴太子"石雕后面的壁画，就再现了这个传说故事。

过了崇圣寺山海大观石牌坊，就到了崇圣寺中轴线上的最后一个建筑望海楼。它是三重檐明清式楼阁，这里四周松柏滴翠，楼立林中，登楼可眺望大理全景，苍洱毓秀，尽收眼底。

**阅读链接**

崇圣寺三塔里有藏传佛教特点的两种法器，一种是五组转经筒，转经筒上下两端固以轴承可以转动，周围刻有《平安经》《般若波罗密心经》《金刚经》和《妙法莲花经》。

另一种是五件金刚杵。金刚杵俗名"降魔杵"，原系古印度的一种兵器，后来成为密宗的一种法器，常为金刚力士护法所持。崇圣寺三塔里的金刚杵，是阿吒力僧诵经时的手持之物，数量极多。传说"不持金刚杵念诵，无由得成就"。

杵分单面独股杵，双面独股杵，双面三股杵，双面五股杵。崇圣寺内的五件金刚杵，最大的一件，高6米，直径1米。体现了藏传佛教的思想，经筒上刻有经文，口念经文，转动经筒，给人带来平安。

# 高僧募化铸造雨铜观音像

崇圣寺阿嵯耶观音

阿嵯耶观音

据说，崇圣寺雨铜观音铸造于899年。在大理崇圣寺，有一位高僧，他曾发誓终生募化，来铸一件铜观音像。经过多年的努力，高僧终于募捐到了一些钱，于是开始了铸铜像工作。

然而，当铸至到观音像的肩部时，所准备的铜就已经全部用尽。正在高僧和工匠一筹莫展之际，天上突然降下铜雨，满地滚动着铜屑。

高僧满心欢喜地取铜雨来铸造观音像，让人不可思议的是，天上降下的铜屑竟然不多不少，刚好够造铜观音所需。

■重新修建的雨铜观音殿

　　铜像铸造成功后，高僧认为冥冥中有神相助，于是给塑像取名为"雨铜观音"。此外，还有一种说法是南诏清平官，也就是宰相郑买嗣灭南诏蒙氏政权，自立大长和国之后，铸佛万尊以为他杀南诏王室800人的忏悔，并集十六国之铜铸造了一尊高5.3米的雨铜观音像。

　　雨铜观音其像庄严静美，细腰跣足，造型精美。雨铜观音殿前廊有大钟，天井南北各有一尊小塔，大殿的漏阁中供地母神，大殿对面还塑韦陀菩萨，格局精妙。

　　1514年5月6日，大理发生地震，崇圣寺遭受严重破坏，塔裂1米多，除雨铜观音殿尚存外，其余殿堂楼房尽毁，贵重文物丧失殆尽。

　　1851年至1861年，雨铜观音殿毁于大火，铜像的两手及衣角亦有损坏。直到1896年，时任大理提督的蔡标，才将其损坏的部分修复。

　　原有的雨铜观音由乌铜铸成，这种乌铜传说出自缅甸，其特点是即使埋到土中许久都不会生铜绿。但这次补铸上的部分由青铜铸成，其光泽和质量就不如原有的乌铜好。

　　到了20世纪，雨铜观音殿及殿内诸多宝物都遭到毁坏，到1999

年，人们在原先的旧址上扩大重建。

新建的雨铜观音殿高29.99米，占地面积约8100平方米，建筑面积约4380多平方米。殿内居中的2.2米高的汉白玉须弥座上，有1.8米的贴金铜铸莲花座，莲花座上站立有8.6米高铜铸贴金的雨铜观音。

重铸的雨铜观音是根据清末遗存照片精心复制，重11吨。慈祥、善良的女性的脸，结实挺拔的男性的身材，是典型南诏中晚期大理地区男性观音向女性观音过渡时期的造像。

在雨铜观音左手边的两座汉白玉须弥座上，靠东铸有坐着的水月观音，它是仿造千寻塔出土文物中一尊玉质的水月观音所铸。

靠西边铸有站着的阿嵯耶观音，它是仿造千寻塔出土文物中一尊高24厘米高的金质阿嵯耶观音像所铸。大理地区盛行的是大乘佛教中密宗的阿吒力教，对观音的崇拜胜过对佛的崇拜。阿嵯耶观音是大理地区最被崇拜的一尊观音，是大理的主尊观音。

阿嵯耶观音的造型比较独特，不同于中原地区的观音，中原地区的观音皆为慈祥的女性形象，而阿嵯耶观音是产生于男相观音向女相观音过渡时期的观音，呈男身女像，是大理地区所特有的一尊观音。又被誉为"云南的福星"。

根据民间传说中的观音老母所铸。南诏时有强敌入侵大理，阿嵯耶观音闻讯化为一白族老妪，负巨石立道旁，敌兵惊其神力，若妪曰："吾老也，只能负小石，年轻人皆负

崇圣寺梵僧观音像

石更大。"敌闻之丧胆，不战而退。被大理人尊为"观音老母"，专建大石庵予以供奉，并称之为"观音老母"。

在雨铜观音殿的二楼，有两组画卷彩图。一组是唐宋时期为南诏、大理国宫藏珍品，人称中华传世珍宝的《南诏国史图传》之摹本，另一组是被认为可与《清明上河图》相媲美，并与其一起被美誉为"南北双娇"的《张胜温画梵像卷》之摹本。

崇圣寺负石观音像

在雨铜观音右手边的两座汉白玉须弥座上，靠东铸有坐着的男身梵僧观音，它是阿嵯耶观音的化身，因其曾助南诏国开基立业，被尊为"建国观音"。靠西铸有手执金绳负石的观音，它是阿嵯耶观音的化身。

雨铜观音与左右两边的四位观音全都铸造得栩栩如生、惟妙惟肖，在大殿中金光闪闪，交相辉映，显得格外庄重、气派、富丽堂皇。

# 历朝精心维护礼佛圣塔

**伊洛瓦底江** 我国古称"大金沙江"和"丽水"。发源于西藏,自贡山县进入云南,又从盈江进入缅甸。干流在我国流经较短,但它是缅甸最大河流,缅甸人民对它十分崇敬,称它为"天惠之河"。

崇圣寺建成之后,就成为了南诏国和大理国时期佛教活动的中心。

802年,伊洛瓦底江流域的佛教古国骠国国王雍羌和王子舒难陀,在南诏第六代王异牟寻的陪同下到崇圣寺三塔祈拜敬香。

大理国时期,第一代国王段思平酷爱佛教,《南诏野史》说:段思平"好佛,岁岁建寺,铸佛万尊。"

■崇圣寺三塔大殿

在大理国22代国王中，就有九位到崇圣寺出家当和尚，他们分别是：第二代王段思英、第八代王段素隆、第九代王段素贞、第十一代王段思廉、第十三代王段寿辉、第十四代王段正明、第十五代王段正淳、第十六代王段正严、第十七代王段正兴。

其中，第二代王段思英，即位仅一年就到崇圣寺出家了。这些国王固然也酷爱佛教，但主要是在争夺王位的斗争失败后的一种出路，因而史书上也有"逊位为僧""避位为僧"的记载。

1056年，星逻国王耶多曾两次到崇圣寺迎佛牙，大理国王段思廉以玉佛相赠。由于大力倡导，大理佛教非常盛行。

1253年，元世祖忽必烈征服大理国，采取怀柔政策，仍以大理国段氏子孙世袭，称为"大理总管"。大理虽然结束了独立局面，但"国灭教未灭"，佛教在苍洱地区仍然得到进一步的继承和弘扬。

元武宗皇帝即位后，曾按照成吉思汗、忽必烈以来的圣旨体例，于1311年降下对崇圣寺进行保护的圣旨。

段氏第六代总管信苴隆于1325年，请

■ 大理三塔倒影

宝塔珍品

巧夺天工的非常古塔

碑铭 意思是碑文和铭文。其中，碑文，是指刻在竖石上的文字。这种文字是专为刻碑而作。立题时，根据形式而定，或直题为某某碑，或题为某某碑铭，没有固定的格式。有些文章虽刻在碑上，但不是为立碑而作的，就不能叫作碑文。铭文，本指古人在青铜礼器上加铸铭文以记铸造该器的原由、所纪念或祭祀的人物等，这里指有韵的碑文。

翰林国史大学士云南省参政知事李源道，撰写记述祖先重修并立石的《大崇圣寺碑铭并序》。第二年，立下武宗皇帝的《大崇圣寺圣旨碑》。碑文中说：

长生天气力里、大福胤助里皇帝圣旨：军官人每根底、军人每根底，管城子达鲁花赤官人每根底，来往使臣每根底，宣谕的圣旨：成吉思皇帝、月吉皇帝、薛禅皇帝、完泽笃皇帝、曲律皇帝圣旨里，和尚、也里可温、先生，不拣什么差发休着者，告天祝寿者。

道来如令依在先圣旨体例里，不拣什么差发休当者，告天祝寿者。磨道哈剌章有的大理崇圣寺里，有的释觉性、释主通和尚根底，执把的圣旨与了也。

此碑文意思是说皇上命令要把此圣旨交给崇圣寺的住持释觉性、释主通和尚。免去有关寺院的赋税。属于寺院的席舍，使臣不能随便去住，驿站传递文书、迎送公差的坐骑也不能供应。

寺院的产业、园林、碾磨、店铺、席洛、无论谁也不准夺取。主持的和尚可凭此圣旨，大胆地保护寺产。由此可以看出，受到帝王关注的崇圣寺在元代得到了很大的发展。

到了明朝，1514年，大理发生强烈地震，崇圣寺遭到严重破坏，为了保住崇圣寺这一方胜迹，云南大理人李元阳在雇请民工清理废墟瓦砾的同时，奔走于城乡之间，向官商富户募集重修崇圣寺的银两。

忙碌之余，他还写了一篇《崇圣寺重器可宝者记》，文云："寺中重器有五：一曰三塔，二曰鸿钟，三曰雨铜观音，四曰证道歌佛都匾，五曰三圣金像。"最后说道："而无此重器不名全胜……冀后来

**浮屠** 佛教用语，又作"浮头""浮屠"佛图，旧译家以为佛陀之转音。古人最早习惯称佛教徒为"浮屠"，佛教为"浮屠道"。后来，我国佛教徒多将佛塔视为浮屠，并认为造浮屠佛塔是建立功德的事情。另外，佛塔浮屠还被佛教视为宝物和法器，如"四大天王"中的多闻天王，手中持的宝物就是浮屠宝塔。

033

大理象征

崇圣寺三塔

■ 云南大理崇圣寺

■ 乾隆皇帝 清朝第六位皇帝，定都北京后第四位皇帝。年号乾隆，寓意"天道昌隆"。他25岁登基，在位60年，是我国历史上执政时间最长、年寿最高的皇帝。

**碑** 春秋时期就已经出现"碑"这个名称了，但它当时是宗庙里拴供祭祀用的牲畜的石桩子。碑的结构一般分为碑首、碑身、碑座三部分。碑首主要刻些碑名，或仅起装饰作用。碑身刻写碑文，碑座起承重和装饰作用。

具正赏者，共宝惜焉。"其意在告示后来者，对现存的重器应加强保护，对已失的重器应恢复之，使其"全胜"，永传千秋。

工夫不负有心人，终于在1553年11月间，修复崇圣寺三塔的工程竣工，有人建议李元阳写《重修三塔碑记》，李元阳欣然应允，提笔写道：

大理郡城之北有崇圣寺，旧号千厦，创自唐贞观间，寺前三浮屠高侵云表，世传开元癸丑南诏所建，阅四十八年功成。

大明正德甲戌地大震，城堞屋庐为摧，独三浮屠无恙，然已罅拆如破竹。嗣是风雨飘摇，日益剥泐。嘉靖庚戌闰六月六日，余乃补中塔，复作木骨，凡百日竣工，又三年癸丑始克。

重葺左右二塔，秋初经始，首尾历五月。其助赀□则前同邑苏鹏程、韩斗、淇钰、余弟元春、元期、元和。时嘉靖三十二年十一月甲子。

此文刻石成碑后，曾立于千寻塔前侧，既让后人看到明代嘉靖年间重修崇圣寺的有关史实，也是对李元阳寓意深远的纪念。

1791年，乾隆皇帝下令修葺崇圣寺三塔竣工后，由杨长桂撰文，刻《重修崇圣寺塔记》石碑一块。该碑面为长180厘米，宽83厘米，文字为汉文，12行，字体为楷书，额间篆刻"重修崇圣寺三塔碑记"八个字。

碑文中说：

> 榆古称泽国，多水患，昔人置浮屠镇之，所在多有，而崇圣寺前者为最。……盖西南第一巨观，而龙所敬畏者也。唐贞观年始建，明李侍御复修。

碑文中明确记述了建崇圣寺三塔的缘由、始建年代及明、清两次复修的史实。

1925年，大理发生七级地震，城墙倒塌，民房几近全毁，死亡者难以计数。而崇圣寺三塔之中的主塔千寻塔的南面，也被震开裂缝约一尺余，铜塔顶也掀

**楷书** 又称"正楷""楷体""正书"或"楷体"，是汉字书法中常见的一种手写字体风格。其字形较为正方形，不像隶书写成扁形，是汉字手写体的参考标准。楷体是我国古代封建社会中最为流行的一种书体，同时在摩崖石刻中也较为常见。

■ 大理崇圣寺"永镇山川"金字石刻

翻落地。塔前的"永镇山川"石刻的"镇"字被震落损坏。

据说，此次地震中三塔倒下来的塔顶残骸，金光灿烂，堆在雨铜观音殿中，满满一屋子。这些塔顶残骸为铜制品，据说具有避痧症的功能。因此，存到观音殿后，或巧取或豪夺，不到半年已无半点存余。

1927年，崇圣寺内立了一块《重修"永镇山川"四字记》石碑。石碑是为了重修1925年大理大地震震坏的"永镇山川"4个字而立的，碑文简述大理崇圣寺及寺前三塔的历史。

新中国成立后，党和人民政府十分重视文物保护工作。1961年，将三塔寺列为全国文物保护单位。

1978年，对其进行了大规模维修。这次维修中在千寻塔基座中发现了南诏、大理时期的佛教文物600余件，其中有大量的佛像和写本佛经，其中有一尊金质观音像，重1135克，高24厘米，极为珍贵。这些发现，揭开了古代大理这个"佛国"的一道神秘面纱。

崇圣寺三塔修建后，经历了上千年风雨剥蚀，也经历了30余次强地震的考验，塔身已偏离垂直线，呈现倾斜状态，但它依然巍然屹立在古城大理，成为大理"文献名邦"的象征。

**宝塔珍品**

巧夺天工的非常古塔

阅读链接

崇圣寺曾经被称为南亚、东南亚一带的"皇家园寺"。后来虽然崇圣寺被毁，但古老的崇圣寺三塔犹存。进入21世纪，人们又在三塔附近恢复重建了崇圣寺，还在三塔附近修建了三塔倒影公园。经过人们的努力，崇圣寺三塔与周围的寺庙、公园浑然一体，每年吸引了许多名人到此参观。

到访过崇圣寺三塔的名人很多，既有国内知名人士，又有国外名人；既有政界、军界要人，又有文化界知名人士，更有宗教界人士。他们的到来，给古老的三塔增添了不少光辉。

# 西湖六和塔

　　六和塔位于杭州西湖之南，钱塘江畔月轮山上。始建于970年，由僧人智元禅师为镇江潮而创建，取佛教"六和敬"之义，命名为"六和塔"。现在的六和塔塔身重建于南宋，又名"六合塔"，取"天地四方"之意。经过历代修建，现六和塔内存有五代、南宋、元、明、清五个朝代的构件。1961年，六和塔被国务院定为全国重点文物保护单位。

# 钱王集中万名强兵射潮神

　　钱塘江的潮水从来都是很大的，潮头既高，潮水冲击的力量又猛，因此钱塘江两岸的堤坝，总是这边才修好，那边又被冲坍了。真是"黄河日修一斗金，钱江日修一斗银"啊！

　　关于钱塘江大潮还有一个传说。原先钱塘江的潮水来时，跟其他各地的潮水一样，既没有潮头，也没有声音。

　　有一年，钱塘江边来了一个巨人，这个巨人特别高大，一迈步就能从江这边跨到江那边。他平时就住在萧山县境内的蜀山上，没事就引火烧盐。人们不知道他叫什么名字，因为他住在钱塘江边，所以大家都叫他为"钱大王"。

　　钱大王力气很大，他扛着自己的那条铁扁担，常常挑些大石块放到江边，过不了多久，就堆成了一座座山。

　　有一天，钱大王去挑自己在蜀山上烧了三年零三个月的白盐。可是，这些盐只够他装一头，因此他在扁担的另一头系上了一块大石头，放到肩上一试，两边重量刚刚好，于是，他就担起来，跨到江北

■ 钱王射潮筑塘雕塑

岸来了。

这时候，天气很热，钱大王因为才吃过午饭，有些累啦！他便放下担子歇歇，没想到竟然打起瞌睡来。

正巧，东海龙王这时出来巡江，潮水涨了起来。涨呀涨，涨呀涨，竟然涨上了岸，把钱大王挑的盐慢慢都溶化了。

东海龙王闻闻，这水怎么这样咸呀？而且越来越咸。他受不了，转身就逃，没想逃到海洋里，竟把整个汪洋大海的水都弄咸啦！

而这位钱大王，睡了一觉，两眼一睁，看见扁担一头的石头还放在地上，而另一头的盐却没了，心里在想这是怎么回事？

**萧山县** 地处浙江南北要冲，素为战略要地。春秋战国时，越范蠡筑"固陵城"于钱塘江边，以拒吴。五代十国时，西兴、坎山等地，为吴越国王钱镠的屯兵处。自钱塘江大桥建成和钱塘江汽车轮渡开通后，萧山更扼南北水陆交通之咽喉，为杭州的南大门。

■ 故事中的东海龙
王塑像

**东海龙王** 也就是
敖广。在我国，
东方为尊位，按
周易来说东为
阳，故此东海龙
王排第一便是理
所应当，龙是我
国古代神话的四
灵之一。在《西
游记》中，龙王
分别是：东海敖
广、西海敖钦、
南海敖润、北海
敖顺，合称为
"四海龙王"。

钱大王赶紧去找，找来
找去，就是找不着盐，一低
头，闻到江水里有咸味，怪
不得盐没了，原来是被东海
龙王给偷去了。于是，钱大
王举起扁担就打海水。

一扁担打得江水里面大
大小小的鱼儿都震死了，两
扁担打得江底的水翻了身，
三扁担打得东海龙王冒出水
面来求饶命。

东海龙王战战兢兢地问
钱大王："究竟是什么惹您
发这么大的脾气啊？"

钱大王气得两眼圆睁，大声喝道："该死的龙
王！你把我的盐偷到什么地方去了！"

东海龙王这才明白海水是怎么变咸的了。于是，
龙王连忙赔罪，就把自己如何巡江，如何无意中把钱
大王的盐溶化了，使得海洋的水也咸起来的事情，
一五一十都说了。

钱大王听了好不气恼，真想举起铁扁担，把东海
龙王砸个稀巴烂。只是东海龙王连连叩头求饶，并答
应用海水晒出盐来赔偿钱大王，并保证以后涨潮的时
候就叫起来，免得钱大王再睡着了听不见。

钱大王觉得这两个条件还不错，这才饶了东海龙
王，他把自己的扁担向杭州湾口一放，说道："以后

潮水来时，得从这里叫起！"

东海龙王连连点头答应，钱大王这才高高兴兴地走了。

从那个时候起，潮水一进杭州湾，就伸起脖子"哗！哗！哗！"地喊叫着，涨到钱大王坐过的地方，脖子伸得顶高，叫得顶响，这就是举世闻名的"钱江潮"了，这个地方就是海宁。

当时，有个吴越国，吴越国的创建者名叫钱缪，勇猛无比，人们都称他为"钱王"。

钱王治理杭州的时候，各种事情都容易办，就是这道钱塘江的海堤修不好。潮水一天一夜两次，只要潮水一冲击过来，就会把海堤冲坍，叫人简直没办法把海堤修筑起来。

钱王手下的人很着急，都怕修不好，钱王发脾气，可要修好它，实在太难了！大家一商量，没法子，只好老老实实地向钱王讲道："大王，这海堤恐怕是修不好了，因为钱塘江里面有个潮神在跟我们作对，一等到我们把海堤修得差不多的时候，他就兴风作浪，鼓起潮头，把我们的海堤给冲坍。"

钱王一听，气得胡子都竖起来了，厉声喝道："呔！你们这些没用的家伙！为什么不把那个潮神给我拖上来宰了？"

手下人慌忙道："这不能啊！他

**吴越国** 是唐末宋初五代时期十国中的一国，由浙江临安人钱镠所创建，以杭州为西府，越州为东府。强盛时拥有13州疆域，包括浙江全省、江苏东南部和福建东北部。吴越国共有5位君主。

■ 钱镠 字具美，小字婆留，杭州临安人。五代吴越国创建者。在位41年。在位期间，曾征用民工，修建钱塘江海塘，又在太湖流域，广造堰闸，以时蓄洪，不畏旱涝，并建立水网圩区的维修制度，有利于这一地区的农业经济。

041

天地四方

西湖六和塔

**神** 神话传说中指一些具有特殊能力、并且可以长生不老的人。道家指修炼得道而获得神通的人。我国的神仙，主要是由佛教与道教组成的。在神仙与神仙之间，遵从儒家思想。神仙既是道的化身，又是得道的楷模。神仙以济世度人为宗旨。故道教徒既信道家，又拜神仙。

**跪拜** 就是跪地磕头。在我国的旧习惯中，作为臣服、崇拜或高度恭敬的表示。古人席地而坐，"坐"在地席上俯身行礼天经地义，自然而然，从平民到士大夫皆如此，并无卑贱之意。只是到了后世，由于桌椅的出现，长者坐于椅子上，拜者跪、坐于地上，"跪拜"才变成了不平等的概念。

是潮神，在海水里面，是跟龙王住在一起的。我们没法去找他，何况他来的时候，是随着潮水翻滚而来，都在潮头的海水里面，我们凡人，既看不到，更没法子捉拿他呀！"

钱王听了，两眼直冒火星，大吼道："呸！难道就让这个小小的潮神来胡作非为吗？"

手下人没一个敢吭声的。

钱王看了看底下的人，知道这低头弯腰的人，都是没有能耐的。想了一想，说道："既然是这样，就让我自己去降伏他吧！到八月十八这一天，你们给我聚集1万名弓箭手到江边，我倒要去见见这个潮神！"

钱王为什么要选八月十八这一天呢？因为八月十八是潮神的生日，这一天潮头最高，水势更是排山倒海、凶猛无比，而且潮神会在这一天，骑着白马跑在潮头上面。

很快八月十八这天就到了，人们在钱塘江边搭起了一座大王台，钱王一早就到台上观看动静，等待潮神到来。可是，这时从当地挑选出来的1万名弓箭手，却稀稀拉拉地一会儿来一个，钱王见了就喝令他们心须立即聚齐到江边，排列好阵势。

这时有个将官，走上前来跪拜道："大王！弓箭手跑向江边来时，要经过一座宝石山，这个地方山路狭窄。只能容一人走过，何况过山又得爬上爬下，因此不能同时到来。"

钱王听了，喝道："这岂不是要耽误除灭潮神的大事吗？"

钱王立刻跳上千里驹，飞也似的来到了宝石山前，一看，果然如此。他连忙跑到山巅上面，向四面望了一下，只见这山的南半边有条裂缝。于是他坐下来，把两只脚踩在山的裂缝处，用力一蹬，哈！这山竟然给他一下蹬开了，中间出现了一条宽宽的道路。

那些将士见了，人人喝彩，个个欢呼！从此，这里就被叫作"蹬开岭"了。没多久，全部弓箭手就通过这条大路，到江边聚齐了。钱王又骑着马到处巡视一番，等他再到江边大王台上的时候，1万名精兵早就排好了阵势。

钱江沿岸的百姓，受尽了潮水灾害，修堤治水，哪个不欢喜，谁不尽力啊！如今听说钱王射潮神，都争着来观战助威，几十里路长的江岸上，黑压压地挤满了人。

钱王见了这般声势，更加胆壮起来，忙叫人拿

■ 宝石山 位于杭州西湖之北，与葛岭一起成为西湖的北屏。这里的山岩呈赫红色，岩体中有许多闪闪发亮的红色小石子，当朝阳或日落之时，分外耀目，仿佛数不清的宝石在熠熠生辉，宝石山因此而得名。

来纸笔，写了两句诗道：

为报潮神并水府，钱塘且借与钱城。

钱王写完后就把诗丢进江水里去，并大声叱道："喂，潮神听着！如果你答应了，就不许把潮水涌来！假如潮水仍然要来，那就不要怪我手下无情了！"

潮神并没有理睬钱王的告诫，一会儿，但见远远一条白线，飞疾滚来，越来越快，越来越猛，等到近旁时，就像爆炸了的冰山，直向大王台冲来。

钱王见到了，大吼一声到："放箭！"话音一落，他抢先就"嗖"的一箭射了出去。

这时，只见万名精兵，万箭齐发，直射潮头。百姓们都跺脚拍掌，大声呐喊助威。1万支箭射出，接着又是1万支箭，霎时间就射出了3万支箭，竟逼得那潮头不敢向岸边冲击过来。

钱王又下令："追射！"

只见那潮头弯弯曲曲地向西南逸去，最后消失得无影无踪了。从

宝塔珍品

巧夺天工的非常古塔

六和泉池

这个时候起，海堤才得造成。百姓们为了纪念钱王这次射潮的功绩，就把江边的海堤叫作"钱王堤"。

阅读链接

传说钱王出生时，漫天红光，后院一片兵甲声，他父亲认为这个孩子出生不吉利，于是要将他丢掉，幸好当时被家中的一位婆婆偷梁换柱收下，因此，钱王小名又叫"钱婆留"。

钱缪年轻时，县城里有个叫钟起的，他的几个儿子整天和钱缪混在一起。后来，有个占卜大师发现杭州临安有王气，便跑来在市场上摆摊子给人看相，暗地里寻找这个注定要称王称帝的人。一天路过钟起家，恰好看到钱缪。

大师对钟起说："你以后的富贵，就是因为钱缪。我之所以要寻找这个人，是出于我对自己技术上的追求和验证。"第二日，这个大师就离开了临安。后来，钱缪果然为王。

# 六和填石镇江制服龙王

■ 六和塔近景

传说，在北宋时期，钱塘江里住着一位龙王，他脾气古怪、性情暴躁，把潮水弄得时涨时落，没有一定的规律，使得沿江两岸的田地常常被淹没，害得江边的人们成天提心吊胆地过日子。

那时，在江边，住着一户穷苦的渔民，夫妻俩带着儿子六和靠到钱塘江打鱼艰难度日。在六和5岁的那一年，爸爸到江上打鱼再也没有回来。

这下，爸爸没了，渔船也没有了，六和一家更加穷苦

精卫填海

了。没办法，娘儿俩用两支竹竿，上面各拴上个小圆网，趁潮来的时候，赤着脚跑在潮头前面捞潮头鱼。捞潮头鱼是很危险的，跑得稍慢一步就会被潮水卷去。娘儿俩为了生活，也就不得不冒这个危险了。

有一天，娘儿俩正在捞鱼的时候，不料这次潮水来得特别快、特别凶，六和看势头不妙，拉住娘的手，拔腿飞跑，可是已经来不及了，一个浪头打来，就把他娘卷进旋涡里去了。

从此，六和没有了娘，更是孤苦伶仃、无依无靠了。他又伤心又愤怒，就一面哭着，一面尽他最大的力气把江边小山上大大小小的石块搬下来，使劲丢进江里去。

他发誓要学精卫填海的方法，用石头填满钱塘

■ 精卫填海 神话传说，上古时期，炎帝最疼爱的小女儿女娃在东海被水淹死，她的灵魂化作一只精卫鸟，总是飞到西山去叼石头和树枝扔进东海，她发誓要填平东海为自己报仇。后来，人们常用"精卫填海"这句成语，比喻按既定的目标坚毅不拔地奋斗到最后。

江，不让潮水再横冲直撞，到处害人。他手里丢着石块，嘴里还不断地咒骂着："可恶的潮水，该死的龙王！我要把山搬下来，填没你这钱塘江！"

龙王住的水晶宫里的屋顶和门窗，被六和丢的石块砸了许多窟窿，石块在水晶宫前的台阶上堆成了一座小山，马上就快把大门堵死了。

这时，龙王听到六和的咒骂声，不知发生了什么事情，就走到水晶宫门口张望。

谁知，龙王刚一出来就被六和丢下的石块砸在头上，把他的一只龙角砸歪了，后脑勺上肿起一个大疙瘩，疼得龙王"嗷嗷"直叫。

六和在江边还是一面哭，一面咒骂着，一面还不断的往江心丢石块，一天，两天，三天……他整整丢了七七四十九天。

这天正好是八月十八，他忽然听到了"轰隆隆"的声音自远而近，钱塘江潮水涌过来了。

六和看见涌来的潮头上站着一个横行霸道的蟹将军，还领着一队弯腰曲背的虾兵蟹将，后面的黄罗盖伞下罩着龙王。

不一会儿，龙王来到了六和面前，说："小

宝塔珍品

巧夺天工的非常古塔

■黄罗盖伞 古时皇帝或高官出巡时，乘坐的轿子或车子顶棚上张着的黄色伞盖。这种伞又称"凉伞""罗伞""万民伞""华盖"。在我国古代，伞是帝王将相、达官贵人权势的象征。

■ 钱塘江大潮风景

孩，小孩，你不要哭，不要哭，也不要丢石块。你要金要银还是要珠宝，只要你说出来我就都给你。"

六和根本不吃龙王那一套，高声喊道："龙王，你听着，我不要你的金，也不要你的银，更不要你的什么珠宝！我要你依我两件事，如若不依，我就用石块压坍你的水晶宫，填没这条钱塘江！"

"哪两件事呀？你说说看。"龙王赔笑道。

"第一件，马上把我娘送回来；第二件，从今以后不准乱涨大潮，潮水只许规规矩矩顺着河道走，涨到小山这里为止。"

龙王听了后，满心不愿意，但他又怕六和真的并压坍他的水晶宫把钱塘江填没了，只好都答应下来。

龙王一行人走后不一会儿，龙王就把六和娘送了上来，六和别提有多快活。娘儿俩高高兴兴地就回家去了。

**月轮山** 南濒钱塘江，海拔153米，因形圆如月而得名。千年古塔六和塔就耸立在山腰。月轮山是眺览钱江美景的最好去处，站在山巅，极目南望，感受到的是湿爽怡人的习习江风，映入眼帘的是由古塔、大桥和滔滔江水构成的别具雄浑情韵的壮丽图画，使人心胸宽朗、神思如翔。

■ 六和塔上的风铃

从这以后，钱塘江的潮水便小了许多，而且涨到那座小山边便稳了下来。只有每年八月十八这一天，潮水才会比平常要大些，这是因为龙王吃过六和的亏，怕他的部下再闯祸，亲自出来巡江的缘故。

人们摸到了潮水的脾气，就不再怕它了，把沿江两岸的荒滩都开辟成了良田，种上了绿油油的庄稼。

大家为了感谢六和制服了龙王，后人就在他搬石块的月轮山上，修筑起一座宝塔，并以六和的名字将塔命名为"六和塔"。

## 阅读链接

据说，当吴越国国王钱缪的孙子钱弘俶即位后，钱塘江水汹涌，冲毁田地，吞噬生命的一幕幕惨剧时有发生，钱弘俶为了安抚百姓，找来当时得道高僧智元禅师前来辟园建塔镇江，取名曰"六和塔"。

六和塔建成之后不久，万马奔腾的钱塘潮水开始沿着江道平稳地流动，仿佛真的被六和塔镇住似的。

实际上，在六和塔建造期间，钱弘俶命人在钱塘江岸筑浙江、龙山两闸，闸门建成后，利用闸门来调节上下游水位和流量，大大降低了田地遭潮水危害的几率。

在当时，人们都相信这是六和塔的功劳。钱王便顺水推舟将塔推上了神坛，并告诉百姓，此塔象征着皇意，可通天。从此，六和塔披上了一件黄袍，香火鼎盛了百余年。

# 六和塔无辜替皇受难

六和塔是皇权的象征，良民们对它自然是毕恭毕敬，可是对于那些"逆臣贼子们"来说，眼里岂能容得下这六和塔呢？

1120年，安徽贫苦农民方腊揭竿起义。在11月29日，头扎红巾的方腊率领上万名起义军手持刀枪以力不可挡之势攻入了杭州城。方腊来到塔下，看着这座代表着"皇帝"的古塔，心中充满愤怒，于是，他一把大火点着了六和塔，致使六和塔化为灰烬，片瓦不存。

六和塔倒了，方腊最终没能推

■方腊 又名方十三，北宋末年农民起义领袖。他于1120年10月率众在歙县七贤村起义，建立了包括江苏、浙江、安徽、江西的六州52县在内的农民政权。在当时影响很大，1121年夏起义失败。

**匾额** 是古建筑的必然组成部分，相当于古建筑的眼睛。匾额中的"匾"字古也作"扁"字。是悬挂于门屏上作装饰之用，反映建筑物名称和性质，表达人们义理、情感之类的文学艺术形式即为匾额。但也有一种说法认为，横着的叫"匾"，竖着的叫"额"。

翻北宋王朝。不过，北宋的根基却开始在风雨漂摇中摇摆了。1127年，金军攻破东京，宋钦宗被俘虏，赵构仓促登基，并改称"南宋"。

新皇登基后为金人所逼迫，奔于江浙一带，为了坐上安稳的皇位，新皇帝与金人达成议和，俯首称臣。皇位虽然坐稳了，但皇权在百姓心中的地位却要重新塑造。

1152年，有市民上书要求重建六和塔，宋高宗赵构便命礼部预算重建六和塔的费用，临安府转运司张榜公开寻找工程主持者。

这时，有个叫智昙的学僧自告奋勇，挺身而出，揭下了榜，并愿"以身任其劳，不以丝毫出于官"。

听说有人不要朝廷投资修塔，临安府求之不得。不过为了慎重起见，临安府的官员还是对智昙考察了一番。最终，智昙以其道业坚固、戒行精洁当选为六

■ 六和塔

和塔的第二代建设者。从此，智昙以建塔为己任，从一砖一瓦开始，全身心投入其中。

智昙，师奉法相宗。但作为一名和尚，智昙没有收入。微薄的供奉也不足以建造六和塔。

因此，智昙为了筹措资金，除了将自己的财物倾囊奉献外，还不辞劳苦，闯南走北，四方募化筹集资金。

当地官吏、富户和众多善男信女为智昙的精诚所感动，纷纷尽力支持，百姓"虽远在他路，亦荷担而来"，出资出力。

智昙并没有因为资金不足而敷衍了事，而更是精益求精，结构上求稳求实，装饰上用了当时最为时尚的砖雕和佛像，如此前后历时10余年，至1163年岁末，此项庞大的复建工程全部完工。砖彻塔身成为智昙的杰作。

■ 智昙铜像 六和塔毁于兵火后，南宋时，智昙决意重修六和塔。他化缘筹资重建，历时11年终于竣工。经过了多少年的风尘岁月，六和塔依然巍立，为了纪念智昙化缘建塔的功绩，特建此铜像。

**法相宗** 是一个极具先锋作用的佛学宗派。它在理论创新上富有睿智，蕴含着依法而治的法治思想，在实践拓展上具足功效，表现出法如利剑的威力与锋芒，敢破敢立，能破能立，不惧邪魔与妖孽。

由于智昙大师是佛教中人，相信"七级浮屠"这个说法，所以，他把六和塔造成了七层宝塔。规模上虽然比塔初建时略有收缩，但依然庞大富丽，而精整、坚固则超过旧构，在浙江佛塔中规制、造型和功能都堪称首屈一指。

塔建成后，朝廷赐寺匾额、免杂税，很是热闹了一番。后来，智昙大师化缘重建六和塔的事迹广为传诵，在人们心目中留下了一座高大的丰碑，1995年5月，特建智昙铜像供人们瞻仰。

1164年，塔院亦告建成，皇帝赐予匾额"慈恩开化教寺"，被称为"开化寺"，因该寺依塔而建，故又名"六和寺"，因位于月轮山，又称"月轮寺"。

开化寺第一任住持据说是重建六和塔的功臣智昙。该寺的建筑反映了我国早期寺庙中的风格，即先有塔后有寺，寺之建筑以塔为中心而建，而不是像后期寺庙建筑那样，以塔为附属物。

**阅读链接**

据说花和尚鲁智深随宋江南征方腊，驻扎在六和塔。一天夜里，忽听战鼓雷响，鲁智深提起禅杖迅速冲出禅房。和尚告诉他，这声音不是战鼓响，而是钱塘潮水，鲁智深恍然大悟，记起师父智真长老赠送他的偈语："听潮而圆，见信而寂。"于是焚香沐浴，坐在法堂禅椅上。等到宋江来到时，他已闭目圆寂了。

鲁智深圆寂之后，宋江等人看望失去一臂的武松，要其随军回京接受朝廷封赏，武松对宋江说："小弟今已残疾，不愿赴京朝觐。尽将身边金银赏赐，都纳此六和寺中，陪堂公用，已作清闲道人，十分好了。"自此武松在开化寺出家，后至80岁善终。

# 重生后的六和塔再遭磨难

古时有说："火烧六和塔，沙涨钱塘江，天下失矣。"六和塔能除潮患、导航运、福泽民生，已成为杭州的标志，备受历朝历代的关注。南宋后的六和塔屡遭战争创伤，但欣慰的是，都能及时得到修缮。

六和塔在1333年至1335年，曾因年久破败而作过修缮。到了1533年，日本倭寇入侵杭州，六和塔再遭破坏。

明人郎瑛在其著作《七修类稿》中描绘了当年的受损状况：

今光砖巍然，四围损败，中木燋痕尚存，唯内可盘旋而上也。

■美丽的六和塔

**云栖寺** 据史料记载，该寺院始建于清代道光十四年，占地面积约两公顷，顺山势而建，依地形而造，由黑砖、花岗岩雕琢而成。举目望去，飞檐凌空，怪兽伏脊，雕梁画栋，金碧辉煌。

可见，这六和塔被毁得有多么严重啊！塔的外檐已完全烧毁，只留下砖构塔身。净土宗著名高僧袾宏，也就是莲池大师，当时主持云栖寺，每每路经六和塔下，看见六和塔颓废的模样，总是忧心忡忡，很感惋惜。

于是在重振云栖寺后，莲池大师便发愤要重修六和塔，经四处募资，主持了大规模修缮工作。他重建了塔的外檐，还调换了塔身部分中心木柱下面的礤石构件。直到1615年，六和塔再次金光闪闪。

莲池大师，名袾宏，字佛慧，杭州人。与紫柏、憨山、蕅益诸大师并称"明代四大高僧"。被后世推为莲宗第八祖。

■ 莲池大师墓

传说，莲池大师到了云栖寺，他的法力也得以充分发挥，先是降服了山中老虎，使当地村民不再受虎患。接着在大旱之年，大师手击木鱼，向田埂念佛，一时间，大雨如注。

村民及众僧相当信服，便自发为大师建造禅堂寺院，希望大师永久住在云栖寺。莲池大师便开始在这里大力整顿道场，设立规矩，使云栖寺气象焕然一新，

■ 胤禛 是清朝第五位皇帝，康熙的第四个儿子。1722年继位，年号雍正，习称雍正帝。胤禛诚信佛教，工于心计，性格刚毅，处事果断。在位间严整吏治，清查亏空，并对清朝的赋役进行大刀阔斧的改革。

后来竟成为"杭州四大名寺"之一。

　　然而，六和塔的金光还没有闪烁多久，在1636年6月，清兵横渡钱塘江，炮轰杭城，烧毁了六和塔结构外檐。钱塘江边因此又开始水患成灾。

　　清世宗胤禛认为这座古塔关系到国计民生，于是在1735年，下诏特拨国库银两，修整六和塔。后来，雍正和乾隆皇帝也多次亲临六和塔，杭州府也因此加强了对六和塔的保护管理，各项设施得到了恢复和增益。

**阅读链接**

　　据说文殊菩萨曾化为童子来参莲池大师。莲池大师见到童子便问："两脚有泥，必是远来客。"

　　童子说："闻知莲池水，特来洗一洗。"

　　莲池大师说："莲池深万丈，不怕淹死你。"

　　童子说："两手攀虚空，一脚踏到底。"

　　莲池大师在终前半月就预知自己将要离开世间，于是，他去告别诸弟子及故旧朋友，只说："我将到其他地方去。"

　　到了那一天，莲池大师说有轻微的疾病，瞑目无语，城中诸弟子赶到，哀请留嘱，大师睁眼开示："老实念佛，莫换题目。"说完就去世了。

# 朱智再次捐资重修六和塔

西湖旁的六和塔

又过了半个多世纪，六和塔日渐破损，在1822年，浙江巡抚帅承瀛奏请皇帝修葺了六和塔。但非常遗憾的是，1843年，六和塔重蹈覆辙，外檐再次失火被毁。

六和塔颓败朽衰持续了将近50年。直到1899年，杭州人朱智，在捐资修筑钱塘江堤坝的同时，更是以余财重修六和塔。

朱智组织大量人力，在尚存的砖结构塔身外部添筑了13层木构外檐廊，其中偶

数6层封闭，奇数7层分别与塔身相通，塔芯里面，则以螺旋式阶梯从底层盘旋直达顶层，全塔形成"七明六暗"的格局。

塔自外及里，可分外墙、回廊、内墙和小室四个部分，形成了内、外两环。内环是塔心室，外环是厚壁，回廊夹在中间，楼梯置于回廊之间。

外墙的外壁，在转角处装设有倚柱，并与塔的木檐相连接。墙身的四面开辟有门，因为墙厚达4米，故而进门后，就形成一条甬道，甬道的两侧凿有壁龛，壁龛的下部做成须弥座。

六和塔中的须弥座上有200多处砖雕，砖雕的题材丰富，造型生动，有争奇斗艳的石榴、荷花、宝相，展翅飞翔的凤凰、孔雀、鹦鹉，奔腾跳跃的狮子、麒麟，还有昂首起舞的飞仙，等等。

这些砖雕，据后来有关人员与宋代成书的《营造法式》所载十分吻合，是中国古建筑史上珍贵的实物资料。

穿甬道而过，里边就是回廊。内墙的四边也辟有门，另外的四边凿有壁龛，相互间隔而成。内墙厚4

《营造法式》
此书成书于1100年，是我国古代土木建筑家李诫在两浙工匠喻皓的《木经》的基础上编写而成的。是北宋官方颁布的一部建筑设计、施工的规范书，这是我国古代最完整的建筑技术书籍，标志着中国古代建筑已经发展到了较高阶段。

米多，故而每个门的门洞内，也形成了甬道，甬道直通塔中心的小室。

壁龛的内部镶嵌有《四十二章经》的石刻。中心的小室是为了供奉佛像而设的，为仿木建筑，制作讲究。经过这次修缮，六和塔的状貌基本定型了。据史料记载，朱智重修六和塔，工程极为浩大而艰巨，仅仅搭建施工必需的脚手架一项，就花了三年时间。

朱智重修六和塔功绩最大，因此受到光绪皇帝嘉奖，赏赐了御书"功资筑捍"四字匾额。

新中国成立后，国家于1953年、1971年和1990年分别进行了三次大修，并在塔内装上扶手栏杆和电灯。六和塔自南宋重建迄今，虽经多次修缮，但整座塔身还基本上保持着南宋时期的风貌。

阅读链接

1934年，时任浙江省建设厅厅长曾养甫，想把六和塔复原成南宋时的样子。他邀请当时在清华大学教建筑学的梁思成，来杭州出谋划策，研究南宋时期的六和塔到底是什么样的。

梁思成在六和塔待了十几天，主要做现场勘探和测绘，又多方考证，查阅了很多文献资料，最终他得出结论：六和塔塔身的形制、用材、体例、浮雕图案都符合《营造法式》里的规定，是原汁原味的南宋时期建筑物。

他还以此为依据，把南宋时期六和塔的复原图一笔一笔画了出来，后来就刊在《杭州六和塔复原状计划》这本书的第一页。因为《杭州六和塔复原状计划》这本书，梁思成也成为从建筑角度为六和塔撰书的我国第一人。

# 开封铁塔

　　开封铁塔位于河南省开封城内东北隅铁塔公园内，始建于1049年，该塔因当年建筑在开宝寺内，被称为"开宝寺塔"，塔高55米多，八角13层。又因塔遍体通彻褐色琉璃砖，混似铁铸，民间又将其称为"铁塔"。此铁塔以精湛绝妙的建筑艺术和雄伟秀丽的修长身姿而驰名中外，被人们誉为"天下第一塔"。

# 古城上空传来的声音

古时候，在开封城北角夷山上有一个井口大的泉眼，这个泉眼一眼看不到底，整天"咕嘟咕嘟"地直往外冒水，日夜不息。淌出来的水十分混浊，又咸又涩。城里本来就地势低洼，加上污水横流，致使城里老百姓饱尝了泥泞之扰、疫病之灾。

后来，全城的父老乡亲就在一起商议，一定要想办法堵死这个害人的泉眼。他们先用石头填，磨盘大的石头扔进去立马就不见了踪影。后来又用

■ 开封 古称"东京""汴京"。开封是世界上唯一城市中轴线从未变动过的都城，城摞城遗址在世界考古史和都城史上都是绝无仅有的。北宋时的东京开封是当时世界最繁华、面积最大、人口最多的大都市。

■ 铁塔公园

沙袋堵，激流把沙袋冲得千疮百孔，还是不能把泉眼堵住。没办法，人们想不出更好的办法，只得听凭它祸害古城。

有一天，一位商人来到夷山泉眼里打水，一个旋涡就将他的水桶卷得无影无踪了。

不久，他乘船到外地经商，在大海上无意间看到一只水桶，当他打捞上来仔细一看，心里一惊，这不正是自己在夷山泉眼里丢失的那只水桶吗？

这个消息不胫而走，传遍全城，人们恍然大悟，心情不觉更加沉重了，原来这泉眼底下通着汪洋大海哩！海里有妖兴风作浪，怪不得泉眼怎么都堵不上呢！往后这日子可怎么过啊！

正当全城百姓一筹莫展之时，在一个漆黑的夜晚，开封的上空突然出现了"造塔哟！造塔哟！"的叫喊声，这个叫喊声一连出现了好几夜。

妖 泛指一切人类无法理解的自然现象，超出常识范围的异常行为，或能发挥出不可思议力量的个体，包含各种鬼怪变化之物，属于一种超自然的存在。人们经常会把妖和西洋的怪物、妖精等传说生物联想在一起。

开始人们不知是怎么回事，后来大家到一起谈论这个喊声时，有人提出，塔能镇住海妖。

真是群情振奋，人们终于豁然开朗，便相互转告："只有造塔才能镇住海妖。"可是，说是好说，造却很难。

那时，人们只会造桥，别说造塔，连塔是什么样子也没有见过呀！全城走南闯北、见多识广的能工巧匠们聚在一起，议论了好几天也没得出个结果。

这天，正在人们议论中，忽然有一位须发皆白、红光满面的老人沿街叫卖道："卖塔啦！卖塔啦！"

人们顿时围过来争着观看，只见他手中托的那件东西用楠木雕成，就像一头粗一头细的红萝卜，又像一座摞起来的亭阁，玲珑剔透，十分可爱。

■开封铁塔倒映

大家恍然大悟，原来这就是塔呀！

工匠头上前施礼道："老人家，这塔我们买了，您说个价钱吧！"

老人瞧瞧工匠，开腔道："你要塔干啥呀？"

工匠说："我们要在海眼上造塔镇妖，为民除害！"

"好，有志气。塔就送给你吧！"老人乐呵呵地放下木塔，飘然而去。

老人走后，工匠头组织工匠们一起把木塔拆开合拢，再

■ 开封铁塔全景

拆开再合拢，反复研究。

当他们能记住各部零件后，便按着比例开始备料，准备建塔了。可是，一到施工却遇到了问题，如何到二层上去造，如何一层层造到顶呢？

于是，工匠们又进行研究。这天，赠塔老人又一次来到建塔工地，见到了备料，却不见施工。于是老人问道："你们造的塔呢？"

工匠头说："俺们正在发愁哩，一层好造，往上就难办了，光材料就运不上去呀！"

白胡子老人生气地说："空有雄心！"说罢，拿起摆在旁边他送给工匠头的木塔，用脚往地上一踩，木塔被踩到土里，只露出一个塔尖儿。

半晌，工匠们回过神来，又鼓起了勇气，工匠头说："咱们城都能造，还怕造塔？"

说着，他们小心翼翼，一层一层地把木塔从土里

**鲁班** 春秋末期到战国初期鲁国人，我国古代一位出色的发明家，他出身于世代工匠家庭，从小就跟随家里人参加过许多土木建筑工程劳动，逐渐掌握了生产劳动的技能，积累了丰富的实践经验。我国的土木工匠们都尊称他为祖师。

扒出来，又用土一层层把塔埋起来，工匠们终于明白白胡子老人的意思了。

工匠们正要谢过老人，却发现他不知什么时候不见了，只听空中隐约传来爽朗的笑声，这笑声和那夜间"造塔哟！造塔哟！"的声音一样。

工匠头说："一定是鲁班祖师爷来点化咱们！"说罢，众人向空中叩头。

工地上立即热火朝天地造起塔来。工匠们先在海眼上盖了第一层，然后用土把它埋起来，修成坡道运料，接着盖第二层，和在平地上施工一样。依次类推，一直盖了13层，最后把封的土一层层剥开运走，一座巨塔就矗立在夷山上了。

自从夷山造塔以后，开封再也不冒海水了。这座塔便是闻名中外的铁塔，又被誉为"天下第一塔"。

阅读链接

开封曾经是我国历史上辉煌一时的名城，古名"大梁""汴梁""汴州""东京""东都""开封府"……，是我国六大古都之一，人称"十朝都会"。鼎盛时期应为北宋，当时人口超百万，其繁华景象，有举世闻名的《清明上河图》佐证。

数千年来，黄河水滋润着这方土地，也摧残着这方土地。黄河每决堤一次，便用泥沙把这座古城覆盖一次，不屈的人们再在旧城上面建设新城，形成了"城摞城"的奇特格局。

在距黄河仅7千米的开封市地下，一层一层地掩埋了自春秋战国时代以来的至少7座古城。开封的许多古迹，都已深埋在地下，地面建筑很多是复制、仿制的东西。而唯有这座孤零零的铁塔，算是赵宋王朝地道的"遗民"。

# 两朝皇帝眷顾独居寺

　　据说，在南北朝时期，有一位僧人曾经在开封城东北的夷山上找到了一个理想的"阿兰若"，"阿兰若"在印度语中的意思是"空闲的地方"。

　　这位僧人就在这远离尘嚣的野外，随便搭建了一处避风遮雨的茅草屋，以便他躲开世间凡尘的打扰，好专注于打坐念佛。他给自己的"阿兰若"起了一个儒雅的名号，就是"独居寺"。

　　独居寺自从建立以后香火不断，直到延续170年后的729年，独居寺里

■秦始皇 我国历史上最伟大的政治家、改革家、战略家、军事统帅。首位完成我国统一的秦朝的开国皇帝。他13岁即王位，39岁称皇帝，在位37年。秦始皇把我国推向了大一统时代，为建立专制主义中央集权制度开创了新局面，对我国和世界历史产生了深远影响。

宝塔珍品

巧夺天工的非常古塔

**封禅** 封为"祭天"，禅为"祭地"，是指我国古代帝王在太平盛世或天降祥瑞之时，祭祀天地的大型典礼。上古暨夏商周三代，已有封禅的传说。古人认为群山中泰山最高，为"天下第一山"，因此，人间的帝王应到最高的泰山去祭过天帝，才算受命于天。

迎来了一位重要的人物。

这一年，唐玄宗李隆基效仿秦始皇和汉武帝去泰山封禅。从泰山返回路经开封的时候，他停下歇息，漫不经心地在附近闲游，没想到他一脚迈入了独居寺。

也许是对独居寺过于寒酸的状况比较同情，唐玄宗当即下诏重修该寺。为了纪念东巡泰山封禅的活动，唐玄宗又将独居寺赐名为"封禅寺"。从此，夷山独居寺的那份清静，就活生生地被皇家之气夺去了。

到了后周周世宗柴荣做皇帝时，他对佛教的态度截然不同。955年，他实行"限佛"政策，削减了后周境内的很多寺院，迫使6万多僧尼还俗。

但是，周世宗却容许开封城内的天清寺大兴土木。而天清寺又恰好在周世宗生日这天竣工，成了一个向皇帝讨好的"献礼工程"。

由于周世宗的"限佛"政策，致使他在佛教史上落了一个"恶人"的名声，他与另外三个"毁佛"的皇帝，北魏太武帝、北周武帝和唐武宗并称为"三武一宗"。

周世宗抑制佛教的主要目的是为了发展经济，增强国家实力。可以说，他是五代十国50余位帝王中最不糊涂的一位，他在位不过五六年，却留下了一个不错的家底。

宋朝初年，封禅寺又一次被皇家眷顾。宋太祖赵

匡胤与他的前朝恩主周世宗柴荣对待佛教的态度不同。

早在960年，赵匡胤一登上皇位就下诏说："诸路州府寺院，经显德二年停废者勿复置，当废未毁者存之。"赵匡胤停止了前朝周世宗抑制佛教发展的做法。

也是在这一年，沧州僧人道圆由西域返回中土，宋太祖亲自接见道圆，还赠以紫色袈裟和金币。又过了2年，150多名僧人集体向宋太祖请求出游西域，宋太祖又是给他们以鼓励又是赠送盘缠。

也许是因为天清寺与周世宗关系密切，在开封城中的诸多寺院中，宋太祖唯独冷落了天清寺，但对封禅寺却特别关照。

970年，宋太祖下诏，改"封禅寺"为"开宝寺"，并拨巨款修缮扩建。新建成的开宝寺共设24院，280区，其规模宏大、僧侣众多、殿

■ 现存的开宝寺龙纹古砖

堂巨丽、金碧辉煌。

宋太祖用自家年号给封禅寺命名，可见他对这座寺院的重视。

976年10月，宋太祖死去，他的弟弟赵光义即位。978年，吴越国王钱俶表示愿意把吴越国的土地献给大宋。宋太宗赵光义立即动用了上千艘船，把钱俶的亲属、官吏及吴越之地的财物悉数征入京城。

在这次行动中，一位名叫赵镕的供奉官受宋太宗指派，特意迎奉杭州罗汉寺的佛祖舍利回京城。佛祖舍利抵达开封后，宋太宗起初将其供奉在紫禁城内的滋福殿中。

这颗佛祖舍利是916年，吴越国王派人前往四明山阿育王寺，索要过来放到杭州罗汉寺供奉的。

982年，宋太宗决定在开宝寺福胜院内建一座开宝寺塔，用它来安放舍利。

阅读链接

"陈桥兵变"之后，原是后周检校太尉、殿前都检点的赵匡胤做了皇帝。由于他的母亲杜太后信佛并时常施舍他人，便引起他对佛教的兴趣，也很想探究一下佛教的魅力所在。

961年，杜太后死去了，赵匡胤首次以皇帝的身份临幸了相国寺。

到佛像前烧香时，他问："当拜，不拜？"

僧录赞宁回答："不拜。"

他又问："何故？"

赞宁答："现在佛不拜过去佛。"

他轻轻颔首，微微一笑，算是认可。由此形成制度。从这件事上，他悟出了一个道理，原来佛教并不像韩愈所说的那么可怕，它完全可以为自己的统治服务。

# 名匠喻浩建造灵感塔

宋太宗赵光义不喜欢吴越王钱俶，却喜欢吴越国罗汉寺的佛祖舍利，他下令专门建开宝寺塔，以供奉佛祖舍利，最终选定吴越国木工喻浩来建造此塔。

喻浩是杭州人，出身于木匠世家，自幼便酷爱木工手艺。

在吴越国时期，喻浩曾任杭州都料匠，也就是工匠的总管，史书称其"有巧思，超绝流辈。"

吴越王钱俶曾在凤凰山麓梵天寺营建一座木塔。塔建到两三层时，钱俶亲临施工现场并攀登木塔。站在塔上，钱俶觉得塔身微微晃动，便叱责工匠。

工匠们以为是因为塔身尚未布

开封铁塔局部雕刻

■开封铁塔公园大门

**中土** 中原，又称
"中州"，古指
中原地区，华夏
民族和华夏文明
的发源地，黄河
中下游为中心的
地域概念，意为
国之中、天地之
中，华夏民族的
祖先根据天文、
地理、和风水学
的概念，认为位
于中岳嵩山山麓
的中原河南登
封，位居天下居
中的位置。

瓦，所以容易摇晃。谁知布瓦之后依然如故，工匠们只好去请教喻浩。

喻浩建议在每一层铺上木板，弄结实了，让上下成为一体，人登上去，压力均匀分布于四壁，整座塔便稳固了。大家依照喻浩的说法去做，果然有效。

据《后山丛谈》记载，喻浩自杭州到汴梁后，把京师街巷走了个遍。他每次走到相国寺门楼时，便仰脸凝望，站累了就坐下看，坐累了就躺下看。

有人问他是何原因，他说："这相国寺门楼其他的部位我都能仿效，只是对于卷檐架构不解其意。"

相国寺圣容殿前东西两旁有古井，后来，喻浩负责为古井建造了井亭，果然"极其工巧"，成为"相国寺十绝"之一。

吴越国亡国后，喻浩流落到了北方。为新主人造塔时，喻浩和在吴越时一样仍然是一丝不苟，开封人说他信佛，对造塔有瘾。

塔本自印度来，是用来珍藏佛祖舍利的建筑物。自东汉时期传入中土后，塔把许多我国的阁楼建筑元素融入其中，逐渐成为佛家的一种标志性建筑。

东汉以后，战国至西汉时期一直盛行的高台建筑逐渐为木结构高楼所替代，无论宫廷、地主庄园还是城门楼，都以木结构为尊贵。

这次奉命督造木制开宝寺塔之前，喻浩为求缜密，曾先造了一个小样。

在施工时，塔体外用帷幕遮掩，外面只能听到斧凿锤击之声，不见其形。

遇有上下榫不合之处，喻浩环绕塔周，边看边切磋，毛病一旦找准，马上拿起巨棰撞击数十下，即可解决。

就这样，历时8年，直至989年，木塔终于落成。塔八角13层，上安菩萨，塔下做天宫，以安奉阿育王佛舍利小塔。

时隔多年之后，欧阳修在《归田录》中记述：

> 塔初成，望之不正而势倾西北，人怪而问之。浩曰"京师地平无山而多西北风，吹之百年，当正也。"

■ 柳枝掩映的铁塔景观

■ 宋真宗 名赵恒，原名赵德昌，又曾名赵元休、赵元侃，宋朝第三位皇帝。宋真宗统治后期，信奉道教和佛教，称"受天书"，封泰山、祀汾阳，修建了许多寺庙。

因为开宝寺塔建于开宝寺福胜院内，所以木塔最初命名为"福胜塔"。

宋太宗赵光义在塔成之日，亲自手捧那座从吴越国"请"来的阿育王佛舍利小塔，安放在福胜塔上的天宫。

当时，开封人闻讯都来围观，都说看到一道白光从小塔一角发出后，大塔立即大放光彩。

自从阿育王佛舍利安放到福胜塔之后，宋太宗常常临幸观礼。

到了1013年，福胜塔塔刹的铜瓶，突然闪闪发光。消息不胫而走，还惊动了皇帝。宋真宗亲自观瞻参拜，并赐名为"灵感塔"。由于此塔位于开宝寺中，所以又被称为"开宝寺塔"。

**阅读链接**

铁塔北侧新建了一座反映灵感木塔那段历史的灵感院。灵感院正殿内供奉的释迦牟尼"白玉佛像"，是一位旅居缅甸的女华侨1933年捐赠。

女华侨家里世代经商，但是富不过三代，生意开始衰败，女华侨很郁闷，出来旅游散心，到开封灵感院时，遇到一位高僧。高僧伸出3个手指又拿出一根木棍和一块石子点化女华侨。

女华侨回去以后悟出这是高僧告诉她改行做玉石生意。改行以后，女华侨的生意蒸蒸日上，因此向寺庙捐献了这尊玉佛。佛像高约1米，由整块白玉精雕而成，秀丽端庄，晶莹洁亮，堪称佳品。

# 仁宗一意孤行重建宝塔

　　可惜喻浩设计并监造的这座华美绝伦的灵感塔，在世上仅存了56年，就于1044年，遭雷击而焚毁了。

　　宋仁宗赵祯在位期间，京城连年发生火灾。1032年，大内失火，宫中的8座主要殿宇被烧毁。宋仁宗就把修缮大内的急务交给宰相吕夷简负责。这一项工程花费了很多钱，但事关皇家重地，也实在是不得不花，因此，大臣们也没什么话可说。

　■ 宋仁宗　北宋第四代皇帝，宋真宗的第六子。他是宋朝帝王中的明君圣主，在位时间最长，有42年之久。宋仁宗统治时期，国家安定太平，经济繁荣，科学技术和文化得到了很大的发展，还正式发行了世界上最早的纸币——"官交子"。

田锡（940—
1003），字表圣，
四川眉山市人，
他在政治上以敢
言直谏著称，同
时他又是一位革
陈推新，影响后
世深远的文学
家，他被称为宋
代文学的开拓者
和奠基人之一。
田锡初名继冲，
后更名为锡，曾
祖父、祖父均为
当时洪雅之名
士，父田懿，因
子锡贵，累赠尚
书左司郎中。

■ 现存的开封铁塔
和凉亭

当灵感塔被焚毁以后，宋仁宗就派人将塔基掩埋
的佛祖舍利掘出，迎入宫中供奉。当时，京城王公贵
族竞相前往瞻仰舍利，并都以能够瞻仰到舍利为荣。
传说佛祖舍利在宫中发光显灵，使得宋仁宗产生了重
建灵感塔的想法。

当年，宋太宗建灵感塔时，就因为耗费钱财
百万，而遭遇到大臣们的抱怨，当时侍御史田锡曾上
书说："众以为金碧荧煌，臣以为涂膏衅血。"

当宋仁宗提出佛祖的舍利不能永远存放在皇宫
内，必须要建塔供奉时，主持谏院的蔡襄，首先就上
书反对，他对主张重建灵感塔的种种论点进行了逐条
批驳。

他说："佛祖舍利在宫中发光，有人说这是佛祖

显灵。既然佛祖舍利有神通，那它怎么连自己的灵感塔都不能保护呢？天火袭来，一夜之间就把灵感塔烧掉了，这算什么有灵验呢？"

蔡襄当年不知道佛祖舍利发光乃是物理现象，所以他解释佛祖舍利发光时说："枯久之物，灰烬之余，或有光怪，多亦妖僧之所谓也。"他最后表示，建塔可以，但最好"不费于官，不扰于民。"

为了重建灵感塔的事，谏官余靖还与宋仁宗大吵了一场。据《孔氏谈苑》记载，余靖是一个不修边幅、大大咧咧的谏官。时至盛夏，天气酷热，余靖一身臭汗就上朝了，他要面见宋仁宗进行劝谏。谁知二人话不投机，余靖便不顾君臣礼仪，凑到仁宗跟前吹胡子瞪眼睛。

宋仁宗后来抱怨说："这厮一身臭汗差点儿把我熏死！"

为了阻止宋仁宗大兴土木，文人欧阳修还专门写了《上仁宗论京师土木劳费》一文。他在文章中说，开先殿仅仅是两根柱子损坏，已经花费了1.7万多钱。他还说，纵使肥沃的土地不生他物，唯产木材，也不能满足本朝土木建筑所需。既然开宝、兴国两寺塔和其他寺观、宫阙皆焚毁荡尽，足见上天厌恶过度奢华，所以希望陛下吝惜国财民力……

关于重建灵感塔一事，臣下投反对票的太多，宋

■ 开封铁塔佛像浮雕

诏书 是皇帝布告天下臣民的文书。在周代，君臣上下都可以用诏字。秦王政统一六国，建立君主制的国家后，自以为"德兼三皇，功高五帝"，因此号称"皇帝"，自称曰"朕"。并改命为"制"，令为"诏"，从此诏书便成为皇帝布告臣民的专用文书。

**伎乐** 是指在露天演出的音乐舞蹈剧，即我国的乐舞，由于隋初设置国伎、清商伎、高丽伎、天竺伎、安国伎、龟兹伎、文康伎七部乐而得名，传入日本后或称“伎乐舞”。

**供养人** 是指因信仰某种宗教，通过提供资金、物品或劳力，制作圣像、开凿石窟、修建宗教场所等形式弘扬教义的虔诚信徒。也指那些出资对其他人提供抚养、赡养等时段性主要资助的个人或团体。

仁宗也只好息事宁人，暂缓建塔，将重建灵感塔的计划搁置了四年。

1049年，宋仁宗下诏书重建灵感塔，以安置佛祖舍利。这一次，也许是慑于天子的威严，没有多少人再对此发表反对意见了。灵感塔的重建，就这样随着皇帝诏书的颁布正式开始施工了。不知过了多少年，新塔终于建成了。

《汴京遗迹志》记载：

> 上方院，在城之东北隅安远门里夷山之上，即开宝寺之东院也。一名上方院。宋仁宗庆历中，开宝寺灵感塔毁，乃于上方院建铁色琉璃塔，八角十三层，高三百六十尺，俗称铁塔。
>
> 寺旧有漆胎菩萨五百尊并转轮藏黑风洞，洞前有白玉石佛。后殿内有铜铸文殊、普贤二菩萨骑狮像，莲座，前有海眼井，世谓七绝。元末毁于兵，海眼井亦久失其处。国朝洪武十六年，僧祖全募缘重建。

现存的铁塔塔身

重建灵感塔时，吸取了前身木

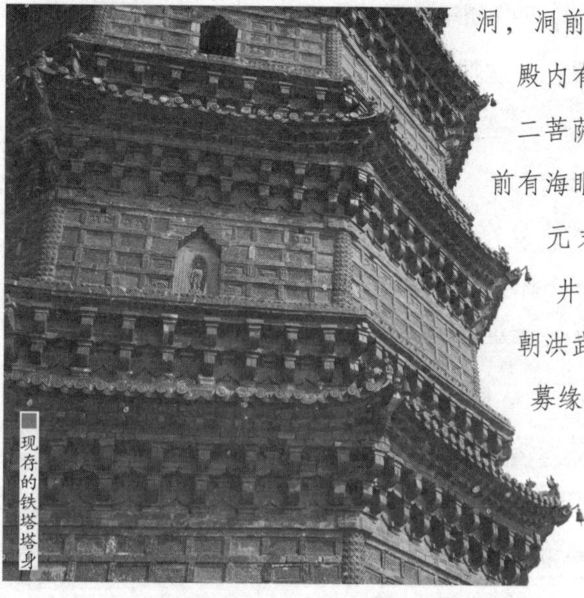

塔被焚的教训，改用了耐火绝缘、能抗雷击的琉璃砖瓦为材料，宋仁宗要把塔建成一座琉璃砖塔。这种瓷砖的另一个特点是耐压、坚固牢靠。

塔址也从开宝寺的福胜院移到夷山之上的上方院。上方院又称为"上方寺"，所以新塔又被称为"上方寺塔"。

重新修建的琉璃砖塔高55米多，八角13层。整座塔通身用28种不同形状的结构砖组合，在柱、枋、斗拱等咬合的接合处都是用特别烧制的有榫、卯的子母砖紧紧地扣合在一起，严丝合缝，混为一体，如铁铸一般。

远望琉璃砖塔，铁色琉璃瓦遍饰全身，色调具有铁打铜铸的深厚气质，由此，民间将塔称为"铁塔"。而且整座塔身上下收分比例协调自然，视觉差比例匀称美观，气势惊人。

走近细看，琉璃砖塔遍身装饰都是琉璃浮雕艺术

■ 麒麟 亦作"骐麟"，简称"麟"，古代传说中的仁兽、瑞兽，是我国古代传说中的一种动物，与凤、龟、龙共称为"四灵"。据说麒麟原型实际上是当年郑和下西洋从南非带回来的长颈鹿。后经历代民间艺人加工，糅进了龙头、鱼鳞、牛蹄等深化形象与现实事物而成。

品，各种花纹砖有50余种：佛像砖，有菩萨、飞天、五僧、立僧、供养人和伎乐等；动物图案砖，有狮子、云龙、降龙、双龙和麒麟等；花卉砖，有宝相花、海石榴花、莲荷花、牡丹花和芍药花等：还有璎珞、流苏等装饰的花纹砖。

而在挑角、拔檐和转角等处采用各种艺术装饰砖，有麒麟、套兽、云龙猫头和重檐滴水等，共20多种。可以说每块砖都是做工精细、栩栩如生，非常完美的琉璃艺术品。

琉璃砖塔在塔门的设计上也是独具匠心，不用半圆门，而采用上尖下方的圭形门，用五层云纹砖逐层收压，其外观像佛龛，而更为坚固。琉璃砖塔内有砖砌蹬道168级，绕塔心柱盘旋而上，人可沿此道扶壁而上，直达塔顶。登上塔顶极目远望，可见大地如茵、黄河似带，顿觉飘然如在天外一样。

**阅读链接**

琉璃砖塔到底是由谁设计的、由谁负责建造的，史书并没有记载，甚至连此塔的落成时间，也没有明确记录。

河南大学教授魏千志先生先从史书入手。宋人王瓘撰于1071年的《北道刊误志》，是一部记载历史地理的书籍，其中记有关于北宋京都开封及河北大名府的史料。可惜的是，该书并没有开封铁塔的记载。唯一的解释是，当时铁塔并未落成。

后来魏先生登上铁塔，仔细观察，终于在塔身第三层发现刻有"治平四年"字样的砖块；在塔顶发现刻有"熙宁"字样的砖块。这充分证明，在治平四年，也就是1067年，铁塔仍在建造，而在熙宁年间，工程已近完工。魏先生判断，铁塔的落成时间，大概在熙宁年间的后期，即是1073年至1077年之间。

# 铁塔遭遇战火仍屹立荒野

　　铁塔建成后不久的1085年，在开宝寺举行了科举考试，当时的书法家蔡卞为主考官。2月18日这天晚上，刚刚开始考试，考场突然起火。当时，身为开封府知府的蔡京立即率领官兵们救火。

■开封北宋皇宫遗址

■铁塔公园内神道

**冯子振** 元代散曲名家、诗人、书法家，字海粟，自号瀛洲洲客、怪怪道人。他生性嗜酒，每于酒酣耳热之际，诗兴大发，伏案即作，不论桌上有纸张多少，他都要一气写完而止。

**金哀宗** 全国第九位皇帝，原名守礼，女真名宁甲速，金宣宗第三子，母亲是明惠皇后王氏。金哀宗在位10年，国破后自缢而死，终年37岁。

由于当时寺院建筑高大，火势迅猛，致使官兵们束手无策，只能眼睁睁地看着大火把房屋烧毁。后来，官兵们凿开墙壁，蔡卞等人才得以逃出。

1126年，金兵渡过黄河，攻陷了北宋的都城开封。第二年，北宋灭亡。南宋初建时，开封先是归伪楚张邦昌，继而又归伪齐刘豫。张邦昌的傀儡政权在维持了32天之后，不得不恭请北宋第七位皇帝宋哲宗的皇后元佑孟氏垂帘听政。

1130年7月，金人册立刘豫为皇帝，国号大齐。刘豫改山东东平为东京，改原来东京开封为汴京，从此，开封就被称为"汴京"。

1132年4月，刘豫将国都迁往汴京。5年后，金废掉伪齐刘豫，置行台尚书省，也就是一个地方行政机关，并设汴京路开封府。

1153年，金改汴京为南京，汴京路亦改称"南京路"。到1214年，因受到蒙古势力的侵扰，金被迫将都城迁至开封，并重新整修了被毁的北宋开封的皇宫。

13年后，金为了防御蒙古军的进犯，又重修了外城。金朝以开封为都19年后，蒙古军攻下南京，金朝灭亡。

从北宋灭亡到金朝灭亡，开封经过了100多年。其间铁塔的命运，有记载说，1225年，金国第九位皇帝金哀宗的母亲明惠皇后曾经为了祈求国运长久，重新修葺了上方寺，当时，铁塔尚在。

蒙古军占领开封后，设立了河南江北行中书省，并保留了南京路。自此，开封归于蒙古人统治。

1271年，元世祖忽必烈改定国号为元。8年后，灭了南宋。至1288年，元朝改南京路为汴梁路，从此，开封就被称为"汴梁"。元朝统治期间，曾两次

■铁塔远景

修建开封城垣，修凿贾鲁河。

在这段时间里，关于铁塔的记载几乎没有。不过，当时的著名文人、散曲大家冯子振却留下了一首描写"铁塔燃灯"盛况的诗：

> 擎天一柱碍云低，破暗功同日月齐。
>
> 半夜火龙翻地轴，八方星象下天梯。
>
> 光摇潋滟沿珠蚌，影塔沧溟照水犀。
>
> 文焰逼人高万丈，倒提铁笔向空题。

元朝末年，民族矛盾和阶级矛盾极其尖锐，全国各地纷纷爆发农民大起义。

在重重战火之中，铁塔所在上方寺的诸多殿宇已经化为灰烬，唯独铁塔岿然不动，孤立于荒野。

宝塔珍品

巧夺天工的非常古塔

**阅读链接**

铁塔燃灯是开封人民自汉代沿袭下来的习俗，每年的元宵节和中秋节最盛行。唐代，睿宗景云二年正月十五夜燃灯千盏，重开宵夜。玄宗增至十四、十五、十六，三个晚上放灯。宋太祖赵匡胤时，又加十七、十八两天，共为五个晚上。

明清时期的中秋之夜，铁塔上遍点灯盏，一次就用油50斤，远望如同火龙，辉煌炫目如同白昼。

明代中期文学家李梦阳有一首《观灯行》的诗，在极力渲染开封元宵节燃灯盛况的同时，还对统治者骄奢淫侈的生活有所讥讽，他写道："正月十四十五间，有涞大驾观鳌山。万金为一灯，万灯为一山。用尽工匠力，不破君王颜……"

# 历代名人吟诗作赋赞铁塔

铁塔刚刚建成的时候，高耸的铁塔虽然王气浓厚，但当时的文人墨客却普遍不买铁塔的账。

北宋的这些大文人认为，铁塔是一个劳民伤财的东西，对修建铁塔有意见。但铁塔是皇帝下令要建造的，文人再大，也不好说什么，于是，大家就选择了沉默。

元朝历经89年灭亡，明朝建立，明朝开国皇帝朱元璋原计划定都开封，后来又改变了主意，把他的第五个儿子朱橚封在开封，称为周王。

■ 朱橚 是明朝开国皇帝明太祖朱元璋的第五个儿子，明成祖朱棣的胞弟。他少年时好学多才，有远大的抱负，常想着做一番轰轰烈烈的事业，以传名后世。他政治上比较开明，到开封以后，执行恢复农业生产的经济政策，兴修水利，减租减税，发放种子，做了一些有益于生产发展的事。

■铁塔公园牌坊

于谦 字廷益，号
节庵，杭州人，
世称于少保。他
自幼聪颖过人，
青年时就写下了
《石灰吟》：
"千锤万凿出深
山，烈火焚烧若
等闲。粉身碎骨
全不怕，要留清
白在人间"的著
名诗篇。他在30
余年的为官生涯
中，清正廉明，
兴利除弊，刚正
不阿。

1383年，朱橚刚刚来到开封不久，就命僧人祖全化缘募捐重新修建上方寺塔。

朱橚还在铁塔内嵌置了48尊黄琉璃阿弥陀佛像。

1430年，时为河南巡抚的于谦曾写下一首《题汴城八景总图》的诗，其中就包括铁塔。诗云：

天风吹我来中州，光阴荏苒春复秋。

民安物阜公事简，目前景物随瞑搜。

梁园花月四时好，日落夷山映芳草。

大河滔滔涌地来，腾波起浪如奔雷。

隋堤烟柳翠如织，铁塔摩空数千尺。

阴晴晦明各异态，对此令人感今昔。

画图仿佛得真趣，醉墨淋漓写长句。

诗成掉笔向苍空，满袖天风却归去。

随着时间的推移，铁塔渐显颓状。到1443年，明英宗朱祁镇下旨重修铁塔。

1457年，上方寺住持僧人广明，派徒弟赶往京城开封，恳请明英宗赐御笔，得"佑国寺"题名。从此，上方寺改名为佑国寺，铁塔也随之称为佑国寺塔。

从这以后，在1480年和1553年，又两次重修了佑国寺。

1557年，又重修了寺内山门、钟楼、殿宇等。经过多次整修，佑国寺恢复了往日的壮丽巍峨。

而在明武宗在位时期的1509年，李梦阳来到佑国寺，写了一首题目为：《正德四年七夕上方寺作》的诗：

逸人厌嚣俗，达士乐闻胜。

乃兹城中林，而非车马径。

积雨豁新霁，云石掩秋映。

微阳下孤塔，潦水夹明镜。

已疑尘寰隔，况者莲方净。

岂惟慕真觉，如以叩诠登。

玄蝉共西夕，浮云本无定。

■ 开封铁塔公园内
接引殿

■开封铁塔公园内灵感院

宝塔珍品

巧夺天工的非常古塔

从这首诗可以看出当时的铁塔景象是多么幽静而荒凉啊！9年之后，李梦阳再次来到铁塔，又赋诗一首，题为《戊寅早春上方寺》：

逾年罔涉兹，过之门巷疑。

匪畏霜露辰，肯与春事期。

径兰芊故丛，苑松发新蕤。

陟丘念废居，升危眺回漪。

抱以幽旷豁，情缘凄怆移。

惊风递虚塔，振振空廊悲。

得遣复安较，劳生良尔嗤。

这个时候的李梦阳，已经是一名普通的老百姓了，在他心中更多的是幽怨和愤怒，他涉及铁塔的诗作还有：

送田生读书上方寺

寺压孤城断，堂开积水围。

一僧当茗灶，群鹭狎荷衣。

被酒时登塔，持书晚坐矶。

鹤腾知客至，嗟汝咏而归。

## 九日上方寺

赏时争上塔，乘月复登台。

地尽中原人，开空秋色来。

望乡翻恨雁，有菊且衔杯。

却忆龙山帽，徒增醉者哀。

## 铁塔

铁塔峙城隅，川平愈觉孤。

登天盘内蹬，落日影东湖。

风袅垂檐铎，云栖覆顶珠。

何年藏舍利？光彩射虚无。

李梦阳（1472—1530年），字献吉，号空同，汉族，甘肃省庆城县人，迁居开封，工书法，得颜真卿笔法，精于古文词，提倡"文必秦汉，诗必盛唐"，强调复古，《自书诗》师法颜真卿，结体方整严谨，不拘泥于规矩法度，学卷气浓厚。他是明代中期文学家，复古派前七子的领袖人物。

■ 开封铁塔公园内玉佛殿

■铁开封铁塔公园接引殿

宝塔珍品

巧夺天工的非常古塔

雪后上方寺集

雪罢园林出碧梧，上方楼殿净虚无。

日临旷地冰先落，云破中天塔自孤。

烂漫此堂人醉散，一双何处鹤来呼。

邀留更待松门月，今夜同君坐玉壶。

　　铁塔在明代时期也引来了诸多文人雅士的吟咏，除了李梦阳外还有李源、刘醇。下面是李源的《登上方寺塔二首》：

宝塔凭虚起，登游但几重。

中天近牛斗，平地涌芙蓉。

牖入黄河气，管低少室峰。

妙高无上境，卧听下方钟。

塔影午氤氲，名香八面闻。

盘梯失白昼，绝顶俯层云。

外见莲花色，中藏贝叶文。

髫游今不倦，为喜出尘氛。

这是一首刘醇的《游上方寺》：

童寻兜率路非遥，柳外鸣珂散早朝。

鸟送好音风乍息，池添新水雪初消。

断碑剥落生苍藓，古塔峥嵘倚绛霄。

珍重老僧相送远，笑谈不觉度危桥。

■ "天下第一塔"碑刻

1526年，一个在山西为官的开封人，免官回到开封后，他杜门谢客，以著书自娱。此人就是《汴京遗迹志》的作者李濂。

李濂"少负俊才"，他仰慕魏公子无忌与侯嬴的侠义风骨，常与同伴骑马出城打猎，效仿古人慷慨悲歌。他在外做官11年，最后"以才致谤"，依然性格不变。

丢官之后，李濂有了闲暇时间，便在开封辑录旧闻、寻访古迹，他记述了当

■ 开封铁塔全景

时开宝寺的状况：

　　漆胎菩萨五百尊并转轮藏黑风洞，洞前有白玉佛。后殿内有铜铸文殊、普贤二菩萨骑狮象，莲座，前有海眼井，世谓七绝。

　　1642年，明末农民起义领袖李自成率军围攻开封城。明朝守军竟然扒开黄河大堤，企图引黄河水淹没李自成的起义军，结果把开封城淹成一片废墟。包括铁塔的基座，也没入了黄河水冲来的泥沙之中，所幸的是，铁塔虽然被水淹，但却并未坍塌。

　　1644年，清军入关。1646年，原山东道监察御史宁承勋赴河南巡按任，乘船自黄河直下，抵达城外。他看到的是，城垣半在淤沙水浸之中。

　　1662年，河南巡抚张自德、布政使徐化成倡导属官捐俸，在明代城址上重建开封城，使城上的矮墙焕然一新。

　　1668年，铁塔得到过一次维修。

　　这时，有两位寄居在上方院的天台僧人看到，寺院虽好，罗汉却无，便想通过募缘，达成此事。

　　经过数年努力，他们铸造了七尊罗汉，最后因为经费不足不得不中途放弃。

　　1707年，有人在几间破屋里发现了这几尊罗汉。

　　消息传开以后，当时的一些有德之士，决定组织财物和人力，铸

宝塔珍品

巧夺天工的非常古塔

造其余十一尊罗汉，没想到一年后便大功告成。

他们遂将这十八罗汉送归上方禅院供奉，并竖碑为记。

直到1751年，乾隆帝又为祐国寺赐名为大延寿甘露寺。因寺名太铁塔仍保持原名为祐国寺塔。不过，所有皇家给予铁塔的正名都被老百姓淡忘了，大家只记得"铁塔"这个俗名了。

祐国寺被赐名为甘露寺后，铁塔周围又成了游览胜地。文人雅士，诗作频出。

以写长篇小说《歧路灯》而著称的李绿园有一首《登大梁上方寺铁塔绝顶》：

浮屠百尺矗秋光，螺道盘空俯大荒。

九曲洪波来碧落，两行高柳入苍茫。

宋宫艮岳埋于土，周府雕垣照夕阳。

唯有城南岑蔚处，吹台犹自说梁王。

**阅读链接**

战国时期，魏国都城开封的东门不叫东门，称为夷门，夷门就是因夷山得名的。魏国隐士侯嬴使得夷门名气大增。

侯嬴是开封城看门小官，却是一个了不起的隐士。魏国公子信陵君是一位喜欢结交天下贤士的人物，他与侯嬴终成忘年交。

公元前257年，信陵君采用侯嬴的办法，盗得魏王的兵符，北上抗秦救赵。侯嬴老人践约自刎，以死激励信陵君北上救赵。

这就是老开封人的秉性，新开封人"白纸黑字"一路讴歌传颂这种秉性，现今关于开封铁塔的书，无不把铁塔的历史追溯到公元前257年的"窃符救赵"。

# 接引佛铜像永伴孤塔旁

仰望开封铁塔

在数百年的岁月中，铁塔饱受侵蚀。自从独居寺为封禅寺以后，寺院建了毁，毁了又建，最后只有接引佛铜像和寂寞的铁塔相依为命了。铜铸的接引佛重达12吨、高5米多，为北宋时期所铸，明朝安放在祐国寺的大殿里。

明朝末年，一次大水冲来，祐国寺大殿的顶被掀翻了，墙被冲倒了，铜像从此饱受日晒雨淋。直至1751年，再次整修寺院时，接引佛才重入殿堂之中。

1841年，开封被洪水围困长达8个多月。当时，为了阻挡洪水，开

■ 开封铁塔公园接引殿内接引佛

封的5个城门全都用土给封死了，开封城也就成了洪波浩渺之中的孤岛，随时都面临着洪水灌城的灾难。

没办法，开封在城的东、西、北三门都设立了临时应急机构，用来每日收购民间的砖、木和石头用以防洪。在这危急时刻，有人拆了铁塔旁的佛殿，把砖木运到城墙上抗洪去了。

那次水灾过后，只有铁塔和接引佛兀立在开封夷山不毛之地，寂寞无主。到了1930年，开封城改造街道，将街面拆下的木料和砖瓦收集起来，在铁塔的南面修筑了一座八角亭以供奉接引佛铜像。有了八角亭的庇护，接引佛总算不再露宿野外了。

1938年，铁塔塔身又中弹七八十发，塔身北侧遍体鳞伤，第八层和第九层被打穿了外壁，留下了两个两米大的深洞，而铁塔浸染着开封人的铮铮铁骨，像一位威武不屈的战士一样巍然屹立在古城大地。值得

北宋 是我国历史上一个强盛的、繁荣的王朝。它于960年由宋太祖赵匡胤建立，到1127年政权南迁的这段时间，被称为北宋，建都开封。北宋王朝的建立，结束了自唐末而形成的四分五裂的局面，使中国又归于统一，但由于与宋同时代的辽、金、西夏等国的强大，使北宋政权一直处于外族的威胁之中。

庆幸的是，八角亭竟毫发无损、安然无恙。

对此，民间老人们解释说：铁塔作为一座佛塔，经历了如此多的灾难而不倒塌，是因为受佛祖保佑的结果。佛教相信三世轮回，所以当地信佛的老人常告诉人们，如果你围绕铁塔左绕三圈，右绕3圈，佛祖将保佑你一生平安。

1953年7月，河南省文物局把维修铁塔列为名胜古迹重点修缮工程。1954年，组织工程技术人员和考古人员对铁塔进行全面勘察和设计。1956年，成立了铁塔修复委员会，本着"修旧如旧"的原则，制定了维修方案。

1957年6月开始动工，到10月底全部修复竣工。同时还安装了104个铁铸风铃，增装了洞门铁栏和避雷针。千年宝塔以崭新的面貌展现在世人面前。

**阅读链接**

北伐战争时，冯玉祥将军率军进驻开封。当时的开封已经是遍体鳞伤。当冯玉祥看到铁塔时，便想该怎么去维修它呢？突然，他的计谋来了。

在开封城内有一个叫"龙凤祥"的店铺，是当时的大户，但他们的老板莫掌柜却异常吝啬。

有一天，冯将军到了"龙凤祥"，称自己收养了一个13岁的黑丫头，想托付莫掌柜代养。

莫掌柜一听，满口应承了下来。冯玉祥将军说这个黑丫头，你要好生照料，可不能委屈了她。要给她买新衣服，要保护好她。

二人立下字据，冯将军以10万现大洋的价格卖给了莫掌柜，然后领着莫掌柜去看黑丫头。他们来到了铁塔公园。冯将军指着铁塔说："这就是我的黑丫头！"莫掌柜自知上当却又不敢不从。

# 释迦塔

释迦塔，全称佛宫寺释迦塔，位于我国山西省应县城佛宫寺内。因释迦塔全部为木构，所以通称为应县木塔，是我国现存唯一的纯木构大塔。

此塔于1056年建造，后来在1191—1195年，进行了加固性补修，但原状未变，是世界上现存最古老最高大的全木结构高层塔式建筑。与意大利比萨斜塔，法国巴黎埃菲尔铁塔并称世界三大奇塔。

# 鲁班兄妹打赌一夜建塔

传说很久以前的一天，工匠鲁班和妹妹从南方来到了北方的应州地带。首先映入眼帘的是荒凉的战场，他们看到遍地都是白骨。

鲁班把这一切都看在眼里，于是他决定修建一座木塔，压一压这里的煞气。谁知鲁班把他的这个想法和妹妹说了以后，妹妹有些不愿意，她说："建一座大塔得需要多长时间呀？我可不愿意在这荒凉的地方多待。"

想要修建木塔的鲁班

鲁班说："用不了多长时间，我一夜就可以建成。"

妹妹不信，说："你可别说大话，你要建一座几层的塔啊？你到哪里去找材料呢？"

鲁班说："我要建一座12层玲

珑木塔，就用应州西北黄花梁的那片松树林的木材。"

妹妹仍然不信，说："哥哥你吹牛，要是用纸叠还差不多，用木头做，往来运木头呀！砍呀！刨呀！卯呀！钉呀！不行，不行，你肯定不行！"

鲁班说："我不用一根铁钉，上下左右，梁枋拱柱，全用木料勾连。"

■ 现存的释迦塔共六层

妹妹说："既然你这么有信心，那好，你要是一夜能造出一座12层的木塔，我一夜就能做出12双绣花鞋。咱兄妹俩打个赌，看谁完工快。"

鲁班说："行啊，我的小妹也是个能耐人，咱们一言为定。"

于是兄妹二人便分头忙了起来。

晚上，鲁班运用神通，将恒山石运来，砌石为基，将黄花梁的巨木伐来，架梁为拱，到了三更的时候，建造木塔的工程已经完了一半。

谁知鲁班妹妹只顾偷看哥哥建塔，自己的绣花鞋还没动工呢！这时眼看到了三更，便慌了起来，她想了想，灵机一动便躲在一旁，"喔！喔！"地学鸡打鸣叫了几声，然后就掐诀念咒，请来了天上的七仙女，有七仙女帮她绣鞋，这样12双鞋很快就绣完了，这时天已快亮了。

**黄花梁** 在大同南百里怀仁、应县、山阴之间，东西南北皆20多里。战国称黄华，北魏、北齐名黄瓜堆，隋唐以后称黄花堆、黄花岭，今称黄花梁。

**三更** 古代的时间名词。古代把晚上戌时作为一更，亥时作为二更，子时作为三更，丑时为四更，寅时为五更。后来一般用三更来指深夜。

■ 土地爷 又称土地、土地神、土地公公，他是《西游记》和《宝莲灯》中的重要人物。传说中他是掌管一方土地的神仙，住在地下，是所有神仙中级别最低的。

城隍 有的地方又称城隍爷。他是冥界的地方官。因此城隍跟城市相关并随城市的发展而发展。城隍产生于古代祭祀而经道教演衍的地方守护神。

再说鲁班呢，三更时他听到鸡叫，以为天快亮了。而那时木塔只建了6层，黄花梁的森林也伐完了，到远处运木材吧！时间来不及了，于是，他就请来了天上的瓦仙和他一块干，这下塔变成了砖瓦木混合结构了。

天亮时，12层雄伟的宝塔已经建成，只见玲珑宏敞，蔚然壮观。鲁班妹妹和七仙女一见也是惊叹不已！

妹妹赶快找哥哥，这时哥哥却不见了。原来，鲁班是到天宫借宝去了。他为了使宝塔防水和防火，特地向玉皇大帝借来了避水珠和避火珠。鲁班想，安上了这两颗宝珠，木塔就再也不怕火烧水淹了。

正当鲁班借了宝珠往回赶的时候，应州的城隍和土地爷都起来了，原来鲁班建的这12层宝塔把他们压得出不上气来了，他们乘鲁班不在，弄来一股风，将宝塔上三层一直吹到了关外大草原。

等鲁班回来一看，木塔就只剩下9层了。他气得一屁股坐在了桑干河畔，谁知用力过猛，压了个大坑，这就是后来被人们称为薛家营水库的地方。

鲁班劳累了一夜，想先歇歇，将鞋里的土倒倒，于是就倒了两个大土丘，后来这里的村名就叫疙瘩。

鲁班一看鞋也烂了，随手一扔，占了一大片地方，后来这个村庄就叫鞋庄。

鲁班休息了一会儿，把他借来的宝珠安到了这剩下的九层塔里，找到妹妹后，便一起离开了应州。

后来人们就称这座木塔为"释迦塔"，又因为塔全为木质建筑，故人们又把塔称为"应县木塔"。自从应县木塔安上了避水珠、避火珠后，再也不怕水、火、风等灾害了。

释迦塔建于辽代清宁二年（1056年），后金明昌二至六年(1191年—1195)年曾予加固性补修，但原状未变，是世界上现存最古老最高大的全木结构高层塔式建筑。它全靠斗拱、柱梁镶嵌穿插吻合，不用钉不用铆，以50多种斗拱的垫托接连砌建而成。

古人解决建筑问题的技术非常高明，如塔底层回廊外檐由24根木柱支撑，在静止时下层每根柱负荷

■应县木塔佛像

■ 木塔前的寺庙

**壁画** 墙壁上的艺术，人们直接画在墙面上的画。作为建筑物的附属部分，它的装饰和美化功能使它成为环境艺术的一个重要方面。壁画为人类历史上最早的绘画形式之一。如原始社会人类在洞壁上刻画各种图形，以记事表情，这便是流传最早的壁画。至今埃及、印度、巴比伦、中国等文明古国保存了不少古代壁画。

120吨，可是柱下石础根本没有巢臼，木柱断面直接平立于石础之上。据说有好奇者，曾经用两手执一根细绳，把它从石础和木柱间横过。所以，民间就有24根木柱轮流间歇的传说。

释迦塔建造在4米高的台基上，塔高67.31米，底层直径30.27米，呈平面八角形。

第一层立面重檐，以上各层均为单檐，共五层六檐，各层间夹设暗层，实为九层。因底层为重檐并有回廊，故塔的外观为六层屋檐。各层均用内、外两圈木柱支撑，每层外有24根柱子，内有八根，木柱之间使用了许多斜撑、梁、枋和短柱，组成不同方向的复梁式木架。整个木塔共用红松木料3000立方，约2600多吨重，整体比例适当，建筑宏伟，艺术精巧，外形稳重庄严。

该塔身底层南北各开一门，二层以上周设平座栏杆，每层装有木质楼梯，游人逐级攀登，可达顶端。二至五层每层有四门，均设木隔扇，光线充足，出门凭栏远眺，恒岳如屏，桑干似带，尽收眼底，令人心旷神怡。

塔内各层均塑佛像。一层为释迦牟尼，高11米，面目端庄，神态怡然，顶部有精美华丽的藻井，内槽墙壁上画有6幅如来佛像，门洞两侧壁上也绘有金刚、天王、弟子等，壁画色泽鲜艳，人物栩栩如生。

木塔二层坛座方形，上塑一佛二菩萨和二协侍。三层坛座八角形，上塑四方佛。四层塑佛和阿傩、迦叶、文殊、普贤像。五层塑毗卢舍那如来佛和人大菩萨。各佛像雕塑精细，各具情态，有较高的艺术价值。

塔顶作八角攒尖式，上立铁刹，制作精美，与塔协调，更使木塔宏伟壮观。塔每层檐下装有风铃，微风吹动，叮咚作响，十分悦耳。

塔刹高11.77米，有两大部分组成。下部为砖砌二层仰莲，高2米，直径约3.65米。上部由复钵、相轮、仰月、宝珠，五个部分的铁质部件组成。应县人把塔刹铁质部分称之为，铁锅、铁笼、铁笊篱。令人称奇的是，这些铁质部件经千年风雨而不锈，在阳光的照耀下熠熠生辉，给宝塔增添了无穷的魅力。

阅读链接

相传，佛宫寺院内应县木塔是辽代兴宗皇帝为了他心爱的妃子观赏美景而修建的。也有的说是兴宗皇帝为让他的王公大臣观战而修建的，木塔建于辽清宁二年，也就是1056年。

然而，对于应县木塔的始建年代还有另外两种说法：一是建于北魏太和十五年，也就是491年，有《魏书》和《资治通鉴》记载。

另一种是建于后晋天福年间，也就是936—943年，见《山西通志》《应州续志》。因此，关于应县木塔建造的确切年代还是一个谜。

# 莲花台下的八大力士

据应县民间传说，应县木塔建成后就吸引了天下游人，同时也惊动了玉皇大帝。玉皇大帝为了保护鲁班辛勤的劳动成果，使木塔与岁月并存，派火神爷送来了一颗避火珠，派龙王爷送来了一颗避水珠。

释迦塔内神像

而不是鲁班自己去借的。

送宝珠的神仙看见善男信女、和尚尼姑每天清扫木塔很辛苦，便报告了玉皇大帝，于是玉皇大帝又指派一位须眉皆白的道人送来了避尘珠。这三颗宝珠分别安放在塔内一层释迦牟尼塑像最高贵的部位，从此，塔内一片佛光宝气。巍巍木塔可以自行防火、防水、防尘。

木塔本来坐落在城内最低洼的地方，地基下沉，四周常有积水。由于水的常年浸泡，周围民房不断倒塌，就连木塔台阶有的也难幸免，可唯独高大雄伟的木塔巍然不动。

有一年七月，应县南山的小石峪、大石峪等五大峪口的洪水都向木塔四周急流汇集，汹涌的波涛，滚滚的浪花，一直向木塔冲击而来。可是到了木塔跟前，骤然波平浪静，水面逐渐形成锅底状，积聚的洪水绕过木塔，缓缓向四面八方流去，人们说，"避水珠可真灵呀！"

■塔里端坐的佛像

木塔的顶尖直插云天，一眼望去，可真够高，可是一直没有被雷击的现象。因而人们又说："避火珠真灵啊！"

木塔建筑高耸，结构精巧，有好多处是人们难以到达的地方，但是不论棚顶，还是窗棂子，都极少灰尘。所以，人们还说："避尘珠真灵啊！"

应县木塔底层大门的对面有一尊高大的如来像，坐在一个巨大的莲花台上。这个莲花台被8个力士扛着，力士个个力举千钧，形象生动逼真。

传说，这8个大力士本来是驻守8个方向的护法天神，他们乘如来古佛外出讲经说法的时候，偷偷汇聚此处，私下凡尘。

本来天下三山五岳、五湖四海像棋子一样排列得整整齐齐。可是，八力士下凡以后，随便把山搬来搬去，弄得不成样子。天下百姓被他们搅得流离失所，

**秀才** 别称为茂才，原指才之秀者，始见于《管子·小匡》。秀才是我国古代选拔官吏的科目。也曾作为学校生员的专称。"秀才"在隋朝科举开始以前就已经有了。

应县木塔一层佛像

宝塔珍品

巧夺天工的非常古塔

怨声载道。

俗话说："天上一昼夜，人间一百年"，当如来返回西天时，这8个大大力士已经把人间搞得乱七八糟了。如来为了降服这8个乱世魔王，摇身一变成为一个秀才下了凡，来寻找这8个大力士。

这天，如来终于找到了他们，此时，这8个大力士正在一起玩弄几座大山呢！

如来迎面上去施礼道："八位将军难道就是天下闻名的大力士吗？可是，我不相信呀！如果你们真是天下闻名的大力士，那我现在坐在这个莲花台上，看看你们能不能把我给抬起来？"

8个大力士说："哪里用得了8个，两个就行。"

说着就上去了两个大力士，不想莲台丝毫未动。接着，他们又上去了4个大力士，6个人一起抬，结果莲台才刚刚被他们抬过双腿。

最后8个大力士都上去了才把莲台抬过了头顶，可是，抬过头顶后，他们只听一声"定！"8个大力士就变成了现在这个样子，永远抬着莲台。据说这8个大力士谁也离不开谁，其中走一个，另外7个就要被压死。所以，他们互相瞅着谁都怕谁走了。

还听说，应县木塔第六层的莲花顶周围长着一圈灵芝草，而且一年四季葱郁旺盛。这灵芝草还有一段美丽的传说故事呢。

传说，很早以前，宝宫禅寺里有一位慧能大师，他在夜里梦见释迦牟尼坐在他的身旁说："峨眉山上有一株灵芝草，你若能把它采回来，栽在一块宝地上，这地方一定会年年风调雨顺，国泰民安。"

梦醒之后，慧能大师为了应州百姓的兴旺和安康，就向峨眉山的方向徒步启程了。

在这次行程中，慧能大师日夜兼程，一天只吃一顿饭，喝一次水。

终于在第十五天清晨，他来到了峨眉山脚下。他站在山谷中，举目望去，好一派世外桃源景象啊！可是，这么大的山，这灵芝草长在哪一道山谷中呢？

慧能大师心里一片茫然，于是他在这山凹中随便漫行起来，不知不觉两天两夜过去了。这天，他攀上了一个山巅。这时，飞来一块彩云，立时狂风大作，把他的草帽"嗖"地一下吹向了天空。

慧能大师便伸手去抓，谁知草帽像被一根无形的绳索拽着一样沿山坡沟壑飘飞，慧能大师也只好跟着草帽飞崖跳沟。

最后草帽挂在一道山沟向阳处的石壁上。慧能大师走近石壁一看，草帽带儿正挂在一株伸手

灵芝草　自古以来就被认为是吉祥、富贵、美好、长寿的象征，有"仙草""瑞草"之称，中华传统医学长期以来一直视其为滋补强壮、固本扶正的珍贵中草药。在民间传说灵芝有起死回生、长生不老之功效。

■ 远观应县木塔

可摘的花草上。他细细一瞧，这花草长在岩石隙缝中，枝叶老绿如翡翠，花儿红中透紫，而又红得放光。

慧能大师愣住了，这是一株什么草呢？正在他茫然不解时，忽然从幽谷中传来一个悠长的声音："灵——芝——草！"接着，回音四起，满山遍野全是"灵——芝——草"的声音，慧能大师顿悟，这花草一定就是灵芝草！

慧能大师把灵芝草采回宝宫禅寺，栽在木塔第六层顶的莲花座上。从此，这灵芝草年年旺盛，四季常青。从此，应州大地年年风调雨顺，五谷丰登。

人们为了纪念慧能大师的这一功德，有一名画家给他画了一张画。画面上是一个蓄发、绣头、短须，满脸忠厚的人正身披蓑衣、挽着裤子、背着柳篓，一手拄着拐杖，拐杖上还挂着草帽，另一只手捧着一株花草，光着脚在山崖之中行走呢！这图叫"采药图"，原来藏在第四层佛像腹内。后来被保存在应县文物管理所。

**阅读链接**

每到秋季，应县木塔周围飞舞着成千上万只麻燕，景致十分壮观，关于麻燕还有一段传奇的故事：

相传，玉皇大帝最喜欢麻燕。麻燕也因此变得趾高气扬。一次，麻燕把宴席上的酒菜仙桃闹得乱七八糟，触犯了天规，被天神砍去了它的爪子，一巴掌打出了南天门。

麻燕被打出南天门，晕晕乎乎飞在空中，但它发誓要找一个比天庭还要好的地方。忽然它发现一座离天最近的宝塔好像天宫一样，飞到塔前一看，实在是比天庭还好，这塔便是应县木塔，于是把家安到了塔上。

因为麻燕被斩了爪，起飞时必须向前一跌才能飞起来，因此，只得住在高大的建筑物上。以后麻燕子子孙孙多了，窝里住不下，也只能分别住到其他高大的建筑物上。

# 石狮子旁的夜半唤声

  应县木塔下面有一对石狮子，这对石狮子雕刻得神形皆备，栩栩如生。这对石狮子虽说是两块巨石所雕，但在民间传说中，有一只石狮子却是宝物。

  相传，应县木塔下面原来住着不少人家。其中有一家是一个老母亲和两个儿子生活在一起。后来大儿子娶了媳妇，没几天，老大两口子就提出来要分家。

应县木塔局部

  这家人家因为男人去世了，老太太本想二儿子现在还小，让大儿子帮弟弟一把，等给二儿子娶了媳妇再分家另过。

  但大儿子两口子鬼精，他们想，和母亲弟弟在一起太吃亏了。母亲有病，常得请医买药，弟弟还不能挣

**石狮** 用石头雕刻出来的狮子，是在我国传统建筑中经常使用的一种装饰物。在我国的宫殿、寺庙、佛塔、桥梁、府邸、园林、陵墓以及印钮上都会看到。但更多时候，石狮专门指放在大门左右两侧的一对狮子。其造型并非我们现在所看见的狮子，可能是因为中土人士大多没有见过在非洲草原上的真正的狮子。但也有的说法是西域狮与非洲狮体态不同的缘故。

钱，整个负担都是自己的。等给弟弟娶了媳妇，老父留下的一点家业就全折腾光了，两口子再被分出去就成了穷光蛋，那样，啥时候才能过上好光景？

哥哥要分家，弟弟怎好意思反对。做母亲的有病，见大儿子和大媳妇没有要孝敬她的意思，知道不分也不行，只好默不做声。

弟弟问哥嫂："分就分，母亲怎么办？"

哥哥说："母亲想和谁一起过就和谁一起过，分东西时把母亲那份分出来。"

弟兄俩征求母亲的意见。母亲说："我和老二在一起吧！"她知道，老二忠厚孝顺，老大夫妻奸猾。

分开后，老大做起了小买卖，每天收入还算不错。老二很不幸，母亲有病，他每天在家伺候，不能出去干活，自然挣不来钱，而母亲治病每天还要花

■塔下的石狮子

钱。不到一年，老二连同母亲分得的家产，就变卖光了，眼看着别说替母亲请医买药没钱，就连三顿饭也没办法解决了。

老二没了主意，就和哥嫂商量，想暂借钱为母亲治病，等自己挣了钱再还给他们。老大没等老二把话说完就气了，说："当初分家是你同意的，你要和母亲在一起，是利是害都是你的，和我没相干。"

老大媳妇说："我们也是吃了上顿没下顿，你还是到别处想想办法吧！"

老二听了哥嫂的话很后悔，早知道是这样，还不如找外人商量哩！他只好靠给人干些零活或乞讨养活母亲，为母亲买药治病，下决心再不登哥哥的家门。

老二天天出外干活或乞讨，讨到好的就给母亲留着，讨到一些零钱就攒起来，留给母亲买药。

有一天，老二讨到一块熟猪肉，他特别高兴，心里说："母亲多日没吃肉了，老人家见到这块肉，一定很高兴。"

他一路哼着小曲儿往家里走，走到木塔下，忽听得有人叫他："老二老二你站住！"

老二站住了，回头看看，见周围没有人，正要继续往前走，猛地看见塔寺院门前的石狮子嘴在动，有声音从石狮子嘴里传出来："老二，请你把肉放进我的嘴里，我会给你吐出金子。"

老二又惊又喜又怀疑，慢慢走过去，把肉放进了狮子嘴里。只见狮子脖子一动，把肉咽下去了。过了一会儿，脖子又一伸，果然吐出一块金子来。

老二给狮子磕了一个头，说了声谢谢，欢天喜地地跑回了家。老二拿金子给母亲请名医买好药，母亲的病一天天好起来，母子俩从此舒展开了愁眉。

老二知道塔下的石狮子不是一般的石狮子，就每天割二两肉煮熟给石狮子送去，石狮子每次总是咽下熟肉给老二吐一块金子出来。老二的光景很快超过了老大。

老大挺纳闷，心想，老二一不居官，二不种地，光景咋就越来越好，比我都好了。这里头肯定有缘故。于是，老大开始注意老二的行动。老二的秘密终于被老大发现了。

宝塔珍品

巧夺天工的非常古塔

应县木塔远景

于是，老大也偷偷地学老二的样子，每天割二两肉煮熟喂进石狮子的嘴里，然后从石狮子嘴里取走一块金子。过了些日子，老大觉得这样干太不过瘾了，他心想：放二两肉能得到一小块金子，那放上二斤肉，一定能够得到一大块金子。这天，老大果然割了二斤肉，煮熟后，塞进了石狮子嘴里。他等呀等，就是不见有金子吐出来。

这时老二来了。老二问老大："你站在这儿干啥？"老大把事情的经过全向老二说了。

老二说："你太贪心了，这下，石狮子再也不会吐金子了。"

老大回到家里一看，连以前取回的金子也不见了，两口子气得痛哭了一场。老大从此病得起不来了，整天唉声叹气。没多久，全部家产典当光了，也没把病治好。老二再也得不到金子，就开始做买卖，越做越大，后来成了大商人。娶了媳妇，生了孩子，一家人过得和和美美，人人羡慕。

释迦塔仰视图

113

纯木大塔

释迦塔

**阅读链接**

关于应县木塔下的石狮子还有另外一种说法：相传，一个南方人来到了应县，他每天半夜走到石狮子跟前，在石狮子嘴里放二两肉，然后又从石狮子嘴里取几块银元。

此事被他住店的店掌柜发现后，也和他一样，每天半夜后给石狮子放二两肉，又从嘴里取出几块银元。不几天，店掌柜家里的小缸就放满了银元。

这一天店掌柜想，要是给石狮子嘴里放二斤肉，就能取出以往的10倍银元。于是他把二斤肉放在了石狮子嘴里，石狮子把肉吃了，可是左等右等也不见往外吐银元，原来石狮子撑死了！

# 名人登塔题匾永留后世

■ 木塔全景

古往今来，观瞻应县木塔是一大乐事，历史上不少帝王将相、达官贵人、文人墨客以及佛门弟子，在尽兴游览之余纷纷为木塔挥毫泼墨，留下了不少赞美绝句。

现存塔上个大寺门牌楼共有53面牌匾和6副楹联，有的叙事绘景，有的写意抒情，文字精彩，寓意深长，而且书法遒劲多姿，各有千秋，是中华文学、书法艺术之魂魄，同时也是历次修缮木塔的历史见证。

木塔从上到下每一层都悬

挂有牌匾，书写着崇敬者的肺腑感言，看得见的有"万古观瞻""天柱地轴""正直""天宫高耸""天下奇观""峻极神工""峻极于天"等匾额。

最上面的一层塔檐下悬挂的"峻极神工"牌匾，是明成祖朱棣的御题。明成祖在位期间共5次率兵征伐鞑靼人，最后一次征伐，是1423年，明成祖率兵胜利班师途中路过应州，停留暂住在应州城里。

朱棣欣然登塔，禁不住文思泉涌，挥笔写下"峻极神工"四个字，既是对木塔宏伟高大、巧夺天工的赞颂，也是对自己文韬武略、天下无敌的豪迈表白。

第四层塔檐下是"天下奇观"的四字匾，为明武宗朱厚照御题。

1518年，明朝另一位皇帝明武宗朱厚照路过应州。同是皇帝亲自统兵，同是征伐鞑靼人，同是胜利班师回京途中，在木塔庆祝"应州之捷"。

朱厚照亲临木塔，即兴写下"天下奇观"四个字，既赞美木塔的胜景，又抒发自己的豪情。

**朱棣**（1360—1424），明朝第三位皇帝，明太祖朱元璋的第四子。1402年登基，改元永乐。他五次亲征蒙古，巩固了北部边防，维护了我国版图的统一与完整。多次派郑和下西洋，加强了中外的友好往来。编修《永乐大典》，疏浚大运河。1421年迁都北京，对强化明朝统治起到了非常积极的作用。在位期间经济繁荣、国力强盛，史称"永乐盛世"。

■ 王献题"释迦塔"匾额

知州 古代官名。宋以朝臣充任各州长官，称"权知某军州事"，简称知州。"权知"意为暂时主管，"军"指该地厢军，"州"指民政。明、清以知州为正式官名，是各州行政长官，直隶州知州地位与知府平行，散州知州地位相当于知县。

第三层塔檐下是竖排的"释迦塔"匾，这是整个木塔年代最古老的牌匾，是1194年制成的。

"释迦塔"三字由金代七品官员西京王献所书，三个双钩黑字，颜体楷书，间架严整，很有骨劲。

颇有意思的是，释迦塔三字的两边，还有236个字题记，记述了历次修塔的历史。据说在木塔大修时，人们发现这些题刻的字体、字迹和刻痕深浅不同，是分六次做成的，因此证实了牌匾确是历史久远、价值连城的真古董，而非后世一次性仿制的。

第二层塔檐下是"天宫高耸"的匾额，语意深刻，笔法强劲峻拔。"天宫"指佛与菩萨所居的天上宫殿。"高耸"形容其巍峨，寓意木塔像高大的天宫一样，里面住着佛和菩萨在诵经，是人间绝无仅有的神圣建筑。此为清代光绪年间应州知州李恕所书。

第二层平座外"正直"二字匾，出自清代雍正年间怀仁知县李佳士之手。"正直"二字一语双关，一指木塔笔直，二指为官做人要正直无私、心地坦荡，颇有教益。

第一层塔檐下"天柱地轴"一匾，出自《淮南子·天文训》：

> 昔日共工与颛顼争帝位，怒而触不周山，天柱折，地维绝。

此匾形容木塔像天柱一样高大，像地轴一样稳固，是《应州志》编者之一应州人田惠的作品。

其他牌匾的题写者，既有当朝官宦，也有佛门弟子，更多的是一些文人雅士，还有一些题写者没有留下姓名。

这么多人，不论学问大小，不论地位尊卑，不论从文习武，都不惜使用最美好的语言来赞颂木塔，表

元好问 字裕之，号遗山，山西人。他在诗、词、文、曲、小说和文学批评方面均有造诣。他的诗风格沉郁，存诗1361首。其词艺当为金代词坛第一人。散曲，用俗为雅，变故作新，今仅存9首。

■ 朱厚熜题"天下奇观"匾额

宝塔珍品

巧夺天工的非常古塔

■ 塔上"天柱地轴"的匾额

达他们对佛的虔诚敬畏之意。

如金代元好问的《应州宝宫寺大殿》诗云：

飘渺层檐凤翼张，南山相望郁苍苍。

七重宝树围金界，十色雯华拥画梁。

竭国想从辽盛日，阅人真是鲁灵光。

请看孔释谁消长，林庙而今草又荒。

清末顾炎武的《应州》诗：

潔南宫阙尽，一塔挂青天。

法象三千界，华戌五百年。

空幡摇夜月，孤馨落秋烟。

顿觉诸缘减，临风独洒然。

现代赵朴初的《题应县木塔并志辽藏残经》：

顾炎武 原名绛，字忠清，明亡后改名炎武。江苏昆山人。因他的故居旁有亭林湖，学者尊为亭林先生。他一生辗转，行万里路，读万卷书，创立了一种新的治学方法，成为清初继往开来的一代宗师，被誉为清学"开山始祖"。

塔开多宝现神通，木德参天未有终。

辽藏千年哀灭尽，不期鳞爪示全龙。

　　或许正是因为对佛的敬畏，应县木塔虽历经沧桑，遭受过无数次自然和人为的破坏，但始终没有遭到致命的人为祸害，没有被整个毁掉。

　　据史书记载，1305年，大同路发生6.5级强烈地震，有声如雷，波及木塔。元顺帝时，应州大地震7日，塔旁舍宇皆倒塌，唯木塔屹然不动。

　　无情的雷击、经年累月的塞外狂风，都曾给木塔施加淫威，在兵荒马乱、战火硝烟的年代，也曾使木塔伤筋动骨，但木塔始终屹立在应州城。

　　木塔之所以寿命绵延，除其本身结构坚不可摧外，历代的不断维修也是一个重要原因。中华人民共和国成立后，党和国家非常重视这一"国宝"，进行

**元顺帝** 也就是元惠宗，元朝第十一位皇帝，也是元朝的最后一位皇帝。他之所以又叫元顺帝，是因为明太祖攻打大都时，元惠宗不进行抵抗，仅带部分家眷逃往上都，后又逃至应昌，因为没有进行大规模的抵抗，明朝史官认为他顺应天意，故在明朝史书中都以元顺帝称呼他。

■山西应县木塔

了较为系统的修缮和保护管理。

1953成立了文物保管所，1974—1981年，国家先后多次拨款，调拨优质木材，补修更换了楼板、楼梯和围栏，加固了二三层的大梁，归整加固了塔基，并油饰了外部所有的构件。

1993年，应县木塔的维修抢救工作已引起国家有关部门的高度重视，后来中央电视台向全世界征集维修方案。

后来，又在塔前牌坊处向南开通一条宽60米长400米，具有辽代建筑风格的古建大街。在塔后兴建一座占地24000平方米的塔影公园，园内假山碧水亭台楼阁鸟语花香。

这些建筑落成后，与雄伟高大的木塔浑然一体，构成一幅美妙绝伦的图画，更显示出它悠久的文化底蕴。

每年的端午节，当地的百姓都要身着新装，全家老少一起结伴到木塔前烧香拜佛，并登上木塔的最高层，表示节节高升。如今，木塔受到文物保护，人们虽然不能集体登临塔上，却还是要到塔前烧香祈祷的，场面十分隆重。

**阅读链接**

传说，应县木塔在修葺之后有夜间放光现象。据说，明代和清代时塔内放光，就是木塔大修之后的现象。清代中期，还为塔内放光挂了匾，匾名："慈光远照"，清代晚期，也为塔内放光挂了匾，匾名："奎光普照"。

木塔夜间放光，到底是怎么回事？据说，清代晚期，宝宫禅寺慧能大师在塔内深夜放光通明之后，他整天在佛前念经。

三天后的夜间，释迦牟尼托梦给他，说应州人信佛虔诚，经常布施，修葺佛殿，应该给人们好的报应，同时在报应之前要让人们有所觉察，便在塔内放颗夜明珠。所以每当木塔修理完毕，宝塔就会放光。

# 四大古塔

108塔是我国现存大型古塔群之一，位于银川市青铜峡水库西岸的崖壁下。

居庸关过街塔位于北京市昌平区，名"云台"，有"远望如在云端"之意，建于1342—1345年。是元代大型过街塔的基座。

山西飞虹塔矗立在山西洪洞县东北的霍山之巅。它与河南开封铁塔齐名，被誉为"中国第二塔"。

金刚宝座塔位于海淀区西直门外，因其形式是在一个高台上建有五座小型石塔，又称五塔寺塔。

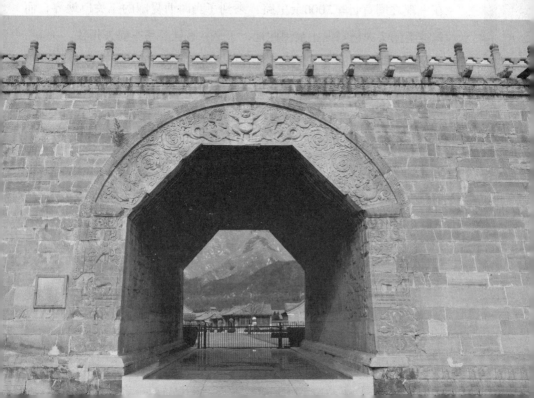

# 穆桂英点将台化为一百零八塔

相传在北宋年间，杨门女将穆桂英大战幽州后，急于西征赶路，在一夜之间竟行军3000余里路，来到了当时西夏国的三关口地界，而穆桂英的丈夫杨宗保正被困此地，于是，穆桂英率军前去相救。

当穆桂英杀入敌营救出杨宗保后，又杀了回去，杀敌无数，才肯罢休。

第二天，穆桂英又一次与敌军对阵，直至将敌军追到了青铜峡峡口山的山下，便选定了黄河西岸的小庙安营扎寨。从那日开始，她就经常在这座小庙前点兵派将。

■ 穆桂英 原为穆柯寨穆羽之女，武艺超群、机智勇敢，传说有神女传授神箭飞刀之术。因她在阵前与杨宗保交战，穆桂英生擒宗保并招他成亲，归于杨家将之列，为杨门女将中的杰出人物。

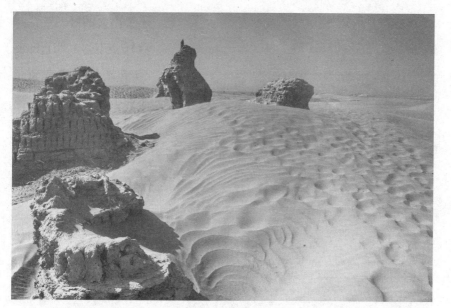
■ 西夏国遗址

这天，穆桂英一算，从幽州开始到此地，在短短3个月的时间里，就已经损失了108位虎将，心中十分悲伤，于是，她令士兵挖黄河泥，烧制白灰，在小庙前修筑了108座坟，以表示对死去的108位虎将的纪念。这便是后来人们看到的108塔。

后来，人们就把这里叫作穆桂英点将台。话说有一年，辽兵进犯中原。穆桂英挂帅大战辽兵，杀得辽兵节节败退。正当她率领大军乘胜追击时，突然她分娩了。

败退到居庸关北的辽兵得知此讯，以为有机可乘，立即停止败退，准备卷土重来。

刚刚分娩不到三天的穆桂英，接到紧急战报，心中很是恼火，立即披挂上阵，要前去击退敌兵。

众将官急了，忙上前劝道："元帅，辽兵前来反攻，自有我们抵挡，您身体要紧，还是留在帐内休

**幽州** 又称燕州，是我国历史上的古地名，北京、天津与朝阳市一带，范围包括河北省东北部和辽宁省西部的一些地域。幽州的中心是蓟县。上古称为"蓟"，蓟国的国都；春秋中期，燕国灭蓟国，迁都于此，改名"燕京"。

■ 青铜峡的108塔

**元帅** 这个地位显赫的头衔，在历史上曾经有过两种含义：一是官职名称，二是军衔称号。元帅一词源自上古德意志文"马"和"仆人"，在最早的时候，元帅是宫廷里管理国王马窖的官。在我国，该词最早出现在公元前633年的春秋时期。

息，不要出去的好。"

穆桂英说："辽兵反攻，战情紧急，我身为元帅，怎能坐帐不出呢！"说着她就把婴儿交给了丫环侍女看管，并马上传令大小三军将领，带领人马速到点将台听点。

众将领见元帅不顾身体虚弱，还要出征抗敌，都深受感动。不多时，就都带领兵马到108塔前的点将台前听点了。

且说辽邦兵将，正准备拔马回头，反攻宋营时，前方打探军情的探子回来报告说，此时，穆桂英正披挂整齐，威武地站在点将台上点将呢！

辽邦众将一听都怔住了，看来说穆桂英分娩是谣传，不能上当。于是辽邦将领命令众军赶忙又往北退去，一直退到了八达岭外。

据说，后来那个点将台上一直留着穆桂英的脚印和28个帐篷杆眼呢！

关于108塔来历的说法还有很多。有的说108塔是古人设在此处，为了给黄河测水的标尺；有的说是为了佛教密宗中毗卢遮那佛的108尊法身契印所建的佛塔，是对佛的虔诚。

关于108塔的来历，还有一种传说：在古代，青铜峡这段黄河经常有凶龙出现，淹没农田，毁坏房屋，殃及百姓。于是人们不惜重金集资建此108塔，以镇龙压凶。

此外，关于它的建造还有一种说法是，明初，戍守军队在保卫长城的一次战斗中，有108位将士在黄河岸边阻击敌人，全部壮烈牺牲。

老百姓为了纪念这些将士们，就建了这个排成众志成城阵势的108塔，以寓英灵长存。还有人说，抗敌而死的并非戍守长城的将士，而是108个和尚，108塔是为了纪念这些和尚而建的。

108塔群位于青铜峡西岸，坐西朝东，背山面河，皆为实心藏传佛教塔，依山势凿石分阶而建，自高而低有阶梯式护坡平台12级，逐级加宽，按奇数排列，精整有序，总共108座，全部都是用砖砌成，并

■青铜峡108塔远景

■ 呈"金字塔"阵
的108塔

抹以白灰。

塔群中最上面一座塔高4米，其余各塔高均在2.5—3米之间，构成一个金字塔阵，蔚为壮观。

塔体形制大致上可以分为四种类型：第一行一座为覆钵形，面东开有龛门；第二行至第四行，为八角鼓腹尖锥形；第五行至第六行，为葫芦形；第七行至第十二行，为宝瓶形。

这108塔每个塔的结构看起来都大致相同，塔的底座都是砖砌的八角形须弥座，塔心的正中还立着竖木，里面填的是土坯，外面砌着青砖，塔体外表涂着白灰，整个塔的形状就像一把盖着宝珠的伞。

有人认为，这些塔跟北京妙应寺元代白塔的造型很相似，都具有灵塔的特点。这些塔大小有别，顶端的那座大塔，它的底部是个八角形的束腰须弥座，塔身象覆钵，塔顶如宝珠，东面还有个供人烧香的小门，108塔中数这个塔最大。它下面的塔按比例缩小，它们的塔身形状也逐层有变化。西夏国灭亡后，一百零八塔就一直被冷落在这山野。1958年，在这佛塔以东的滔滔黄河上兴建青铜峡拦水坝时，人们才意外地发现了被这遗忘了数百年的108塔。

当时，人们发现这些塔的塔心正中就立着一根竖木，而且这些塔也的确是用土坯砌的，最外一层的塔面上还有彩绘遗迹。后代的人重修时，又在土坯塔体外面另外包了一层砖，还给砖上抹了一层泥。从建筑学的角度看，这些塔上下协调，隐含着佛家"人生在世，有大造化，也有小造化；有大功德，也有小功德。只要用心修行，虔诚向佛，他的功劳便不磨灭"的意味。

那么，为什么这108塔非要建在青铜峡呢？主要是这里风水好。

127

■ 排成12行的古塔

首先，这108塔的后面有青铜色的山作屏障，前面又有黄河润泽塔四周的草木。同时，在这塔群附近的黄河库区，还有个被人誉为"候鸟天堂"的青铜峡鸟岛。每年春季，数万只候鸟从南方赶来，在这里生儿育女。绿草青山，飞鸟成群，也给这古老寂寞的塔群增添了无限生机。

不过，考古专家却认为：党项族人在此修造佛塔，与佛教有关。西夏王国崇尚佛教，就把佛教定为国教。因此宁夏境内的寺、塔很多。

再说这青铜峡，当然离不开黄河，黄河这条中华民族的母亲河，自青藏高原奔流而下，从甘肃省的黑山峡进入宁夏境内，蜿蜒地穿过了牛首山，形成了8千米长，高出水面数十米的陡壁，这就是青铜峡。

峡谷两岸的高山峻岭上，奇岩怪石，姿态万千，古木森森，映蔽江面。据说青铜峡峡谷的形成离不开大禹的功劳。

相传在远古的时候，这里是由黄河水形成的大湖，由于贺兰山的阻挡而水流不畅。大禹来到此地，看到上游因湖水受阻而形成了水涝，下游没水又是旱情肆虐。为了解救百姓远离这种苦难，这位治水英雄举起他的神斧，奋力地向贺兰山一劈，只听得一声巨响，山中间豁然出现一道峡谷，黄河之水得以疏通，下游旱情得到了解决，上游也不再有涝灾了，农田滋润肥沃。

就在大禹劈开贺兰山的时候，满天的夕阳把山上青色的岩石染成了迷人的古铜色，大禹见此情景，兴致勃勃地提笔在山岩上写下了"青铜峡"三个大字，从此这段峡谷便有了青铜峡这个名字了。

人们为了纪念大禹的功绩，就在他住过的山洞

《一统志》 原名《大明一统志》，李贤、彭时等奉敕修撰，明代官修地理总志。李贤，字原德，河南邓县人，官至吏部尚书、华盖殿大学士。彭时，字纯道，江西安福人，官至吏部尚书、文渊阁大学士。该书条次井然，富而不臃，强调大一统的政治理念，在体例上对后世方志多有影响。

■ 青铜峡谷

■古塔的来历成为不解之谜

旁，修建了一座禹王庙，并写诗赞道：

河流九曲汇青铜，

峭壁凝晖夕阳红。

疏凿传闻留禹迹，

安澜名载庆朝宗。

关于108塔的身世，虽然明代李贤的《一统志》一书中有对"古塔一百零八座"的明确记载，但塔的来龙去脉，至今仍是个不解之谜。

20世纪50年代末，青铜峡要修建水利枢纽，在建造水库大坝不得不迁移108塔时，人们从打开的塔座里发现了不少带有西夏文字的千佛图帛画和佛经残页以及其他一些文物。

有专家认为，108塔应修建在元代，理由是当年元灭绝西夏，不可能留下任何建筑，而且108塔的形制属于元代时新出现于内地的藏传佛教式塔，因此可以推测塔群应当是始建于元代的。

但也有学者根据对108塔出土的西夏文物研究后断定，108塔应建于西夏时期。西夏时期，无论是统治阶级还是平民百姓，都对佛教崇拜至极。

因此，西夏时期的宁夏不仅佛塔林立，而且是中

130

宝塔珍品

巧夺天工的非常古塔

宁夏 居黄河上游，北倚贺兰山，南凭六盘山，黄河纵贯北部全境，历史文化悠久，古今素有"塞上江南"之美誉，宁夏是中华文明的发祥地之一。早在三万年前，宁夏就已有了人类生息的痕迹，自古以来就是内接中原，西通西域，北连大漠，各民族南来北往频繁的地区。

原佛教文化与西部佛教文化以及佛教各种教派文化的交汇点，在西夏王朝统治的河西走廊一带修建有大量的佛寺、佛塔等。

青铜峡108塔是我国佛塔建筑中唯一总体布局为三角形的大型塔群。108在我国佛教中有着非常特殊的意义。

佛学认为，人生有烦恼和苦难108种，为消除这些烦恼与苦难，规定惯珠要108颗，念佛要108遍，敲钟要108声，所以108塔应该是为消除人生烦恼和灾难而特意建造的。

那么，为何要排成12行呢？佛教又认为，人生最基本的迷惑和痛苦有十二因缘。此外，12还是古代天文学和历法中有关时间与空间最基本的数字，如一年12个月，昼夜各12小时，太阳穿过黄道12星象的运行，等等，成为精神与世俗世界统一的象征。108塔排列成12行，是有其深邃的内涵的。

**阅读链接**

在宁夏民间流传着这样一段故事，说北宋年间，杨门女将穆桂英挂帅出征，率兵来到宁夏青铜峡的黄河岸边，与对岸的敌军相峙。

面对汹涌澎湃的滔滔黄河，穆桂英威风凛凛地站在山顶，手持令旗，开始点将。穆桂英点了一百单八将，组成了一个变化无穷的"天门阵"。

敌军隔岸观望，见穆桂英飒爽英姿，布阵有方，吓得失魂丧胆，不战而逃。后人为了纪念穆桂英，就在穆桂英点将的地方修建了一座代表一百单八将的"穆桂英点将台"。108塔由此而来。

# 鲁班建造居庸关云台过街塔

居庸关过街塔，位于北京市昌平区南口镇北八达岭长城的居庸关关城内，建于1342—1345年，是3座建立在高台上的白色覆钵式塔，称为"过街三塔"，元末明初毁于地震。

明代时，由于三塔已毁，便在塔座上建了一座佛祠，塔座则被称为"云台"，意思是望之如云端。

居庸过街塔基座

■居庸关云台

1439年，佛祠又被毁了，于是又建一座寺院泰安寺。1702年，泰安寺又不幸失火烧毁，只留下了后来人们见到的塔基"云台"。云台石刻堪称一绝。券门内两侧右壁及顶部刻有佛像。进入券门，两壁刻着四幅天王像。每幅均高3米，宽4米。分别雕刻东方持国天王提多罗吒；南方增长天王毗琉璃；西方广目天王毗琉博叉；北方多闻天王毗沙门。

这四大天王像均为坐姿，体态高大威严，怒目圆睁，头戴法冠，身披铠甲，足踏战靴，手执法器，左右有厉鬼神将协侍，脚下镇压着妖魔，是护持佛法，镇守国家四方的尊神。

据说明朝正德年间，明武宗皇帝朱厚照微服出游，夜间骑马偷偷混出居庸关时，他的坐骑见到四大天王像，吓得不敢前行。无奈之下朱厚照下令用烟火把像熏黑了，才得以出关。

券门两壁四天王的空间处，有用梵、藏、八思巴、维吾尔、西夏、汉6种文字镌刻的《如来心经》经文、咒语、造塔功德记等。

**铠甲** 指我国古代将士穿在身上的防护装具。甲又名铠，起源于原始社会时以藤、木、皮革等原料制造的简陋护体装具。商与周时期，人们已将原始的整片皮甲改制成可以部分活动的皮甲，即按照护体部位的不同，将皮革裁制成大小不同、形状各异的皮革片，并把两层或多层的皮革片合在一起，表面涂漆，制成牢固、美观、耐用的甲片，然后在片上穿孔，用绳编连成甲。

券门顶部刻有5个曼荼罗，即五组圆形图案式佛像，佛界称其为坛场。坛场的设立有保护众佛修炼，防止魔众侵犯的意思。五曼荼罗连同其他佛像，共197尊。

五曼荼罗的主尊佛像，由北往南依次为：释迦牟尼佛、阿弥陀佛、阿佛、金刚手菩萨和普明菩萨。

券顶两侧的斜面上，刻有十方佛，在每方佛的周围还分别刻有小佛102座，共计小佛1020座，取共千佛之意。这些小佛，是1443—1449年，修建泰安寺时，由延庆县境的太监谷春主持补刻的。

券门的南北券面上，雕刻着造型独特、别具一格的一组造像，其中有大鹏、鲸鱼、龙子、童男、兽王、象王等，佛界称其为"六拿具"。

大鹏寓意慈悲鲸鱼为保护之相，龙子表示救护之意，童男骑在兽王上自然是寓意福资在天，而象王则有温驯善师的含意。

券面最下端的石刻纹饰为交杵，又称羯魔杵、金刚杵。原本为古印度的一种兵器，在此为断烦恼、伏恶魔，护持佛法的法器。

关于居庸关云台过街塔还有一个传说。传说鲁班有个妹妹，爱跟他开玩笑。有一回，兄妹俩路过延庆，登上了南面的一个山头，鲁班往北一指，对妹妹说："你瞧，北头那边又窄又长的平地，多像一条大道，连着平地的山谷，多像一条条小道。咱们脚下的这座山该叫八达岭才是。"

妹妹问："为啥？"

鲁班笑着说："出了这座山不就四通八达了？所以叫八达岭！"

妹妹点点头。

鲁班说："我笑这居庸关虽好，可惜缺两样东西。"

妹妹问："缺什么东西？"

鲁班说："第一样是缺把锁子，要是在我们站的这儿再修道关口，不光锁住居庸关开不了，就连往南的大道也锁得牢牢实实的。"

后来，人们真的把鲁兄妹登上的山叫八达岭了，八达岭修了关城以后，外头城门上还真的写上了四个大字："北方锁钥"。

■居庸关云台和箭楼

■居庸关过街塔侧景

妹妹又点点头，问："那第二样呢？"

鲁班说："居庸关云台上缺高塔。四周的山那么高，关城就显得太低了。"

妹妹说："你给建一座呀！"

鲁班说："我想连关带塔一块修，你要乐意，在这儿住一宿，我先造塔也行。"

妹妹故意说："哥哥，你也太能干啦！一夜咋能修座塔呢？"

鲁班说："我可不是牛皮匠。赶明儿个鸡叫，我要修不好，我就没脸再到这地方来了。"

鲁班想让妹妹高兴，夜里，他琢磨妹妹睡着了才动手，开头还没在居庸关上干。他先到延庆西北的佛峪口沟修了塔尖，又到河北易县修了塔腰儿，最后，来到居庸关，在云台上修好塔座儿。

妹妹呢，没睡觉，而是偷偷跑到山尖上，看着哥哥干活。她见鲁班手底下麻利快当，活儿干得好，心里挺佩服。

这时候，只要把塔腰儿，塔尖儿搬来，往塔座儿上一放，就齐了。那塔比周围顶高的山还高半寸哩！可鸡叫还早哩，妹妹决定和鲁班开个玩笑，吓唬吓唬他。

于是，她站在山顶上学了一声公鸡打鸣。这下可坏了，一声鸡叫，叫醒了无数只公鸡，一眨眼，居庸关附近的公鸡全都叫开了。

鲁班呢，这会儿站在云台上愣住了。妹妹连忙跑来和哥哥说："快呀，快点儿把塔尖儿，塔腰儿搬来呀！刚才是我学的公鸡叫，跟你闹着玩的。"

鲁班摇摇头说："不赖你，赖哥的手艺没学好。咱们走吧！"

鲁班和妹妹走了，留下了佛峪口，易县和居庸关三座塔。听说后来还有人量过，要是把三座塔放在一起，真是严丝合缝的。鲁班走了就没再来。

**阅读链接**

在北京延庆县海坨山脚下佛峪口沟门的西山坡上，矗立着一座约30余米高的五层八角楼阁式白塔，这里还有一个传说呢！

很早以前，海陀山下是大海，佛峪口沟到处是水眼，沟里的水势很大，冲毁了山外山村和粮田，山民们灾难深重。

后来天上降下一兄一妹两位神仙，他俩打赌，哥哥要在五更前修一座几十层的塔，压在佛峪口沟门的水头上，妹妹要在五更前绣出100双绣花鞋给山民女娃穿。

哥哥在村南，妹妹在村北，限定五更天鸡叫时完成任务。深更夜静时，妹妹拿出一块布，一会儿100双绣花鞋完成了。

妹妹想，哥哥造塔不知完成没有？她怕天亮赶不回去于是就学着鸡叫。谁知哥哥把塔分三处建的，塔座建在山西的五台山，塔腰建在关沟居庸关，佛峪口沟只建了座塔尖，哥哥还没来得及建在一起，鸡就叫了，后来人们把这座塔尖称为白塔。

# 工匠受仙人点化建成飞虹塔

山西飞虹塔

相传，古天竺国孔雀王朝的第三代国王叫阿育王，他是个虔诚的佛教信徒，并勤奋好学，熟读三藏，他决心普救天下生灵。

于是，阿育王取出了以前国王所埋的七处舍利，在全世界建舍利塔8.4万座，我国建了19座，广胜寺就是其中之一，因为建在山西洪洞县霍山上，因此在当时叫霍山南塔，人们也称这个地方为阿育王塔院。

霍山上的阿育王塔院，一建起来就很红火。香火旺盛，寺僧众多。

　　大约在东汉年间，一位从洛阳白马寺出游的老僧
来到了塔院，看到僧人们在参佛活动时，全部拥挤在
佛塔之下，感到伤心而又好笑。

　　于是，他以一位来自大寺院"大法师"的身份，
向众佛教徒传述了《俱舍论》。

　　阿育王塔院的大小僧人，非常尊重这位远处来的
和尚，请他久留塔院。这位洛阳僧人也更加自信，他
凭着自己对佛的虔诚和超人的记忆，很快将外地一些
寺庙的三身佛和三世佛的塑像在塔院北头堆塑而成。

　　并为三尊巨佛盖了一大殿，殿内外粉饰一新，金
碧辉煌。塔院僧人无不喜上眉梢，笑逐颜开。从此寺
内香火鼎盛，闻名遐迩。

　　这座殿就是上寺后大殿的前身。后来，塔院僧人
为了不忘记那位来自洛阳的僧人传播《俱舍论》的功
德，寺僧根据殿内报身佛"卢舍那"和法身佛"毗卢

《俱舍论》 全
称《阿毗达磨俱
舍论》，是印度
世亲菩萨所著。
世亲菩萨一生著
作颇丰，其中小
乘论500部、大乘
论500部，人称千
部论主。本论是
其代表作之一，
它是佛法知识的
宝库，是学习佛
法的必读之书。

**霍山** 古时候叫霍太山，又名太岳山，为我国古代十大名山"五岳五镇"之中镇，位于山西临汾地区霍州市、洪洞县和古县三市县的交界位置，处于整个太岳山脉的南端。五镇分别是东镇山东临朐沂山、南镇浙江绍兴会稽山、西镇陕西宝鸡吴山、北镇辽宁医巫闾山和中镇山西霍州霍山。

遮那的名字，连同《俱舍论》的经书名字，改阿育王塔院为"俱卢舍寺"。

不知又过了多少时候，俱卢舍寺年久失修，就崩溃了，寺院香客也逐日稀少。后来到了南北朝时期，佛教又盛行起来。

563年，有位名叫正觉的和尚路过此地，他见霍山南端金光闪闪，紫气环绕，想这里虽非仙山琼阁，但已见祥瑞，肯定不是一般的地方。于是他就径直朝霍山走来，经过他细细打听，才知道这里早有过一座舍利宝塔。

这地方依山傍水，风景秀丽，果真是个出家人的幽静之所。当天晚上正觉和尚就邀请当地的和尚，一起做功德场，虔诚拜祷。

就这样，到了第四十九天子夜时分，只听见半空一声巨响，就降下了40多粒色彩变幻的东西来，正觉

■ 广胜寺飞虹塔

说这是天帝所赐的舍利子，要他在这里行善积德，修塔建寺。第二天，正觉和尚就和当地和尚破土动工，重建舍利宝塔，直到唐代皇帝唐肃宗在位时，才将这座舍利宝塔建成。

到了769年，汾阳王郭子仪发现宝塔出现了严重的裂痕，于是奏请皇帝重修塔院，重修后改名为"广胜寺"。

"广胜寺有个琉璃塔，离天只有丈七八。"据说这座塔过去高得很，塔身金碧辉煌，巍峨壮丽，是全世界第一座完美的琉璃塔。也有一段美丽的传说呢！

■ 广胜寺的飞虹塔

据说早在1515年，这座塔便开始修建了。所用的砖、瓦、灰、石和木料等，都要从山下运到海拔730米的霍山山顶。

那时候只有几条崎岖的羊肠小道，运输极端困难。虽然有几百人的运输队伍，但停工待料的事情还是经常发生。

后来，山上来了一位白发老人，每天早晨在山梁上大声一呼："上……工……了！"

附近各村的老百姓加上牲畜、鸡、猪和羊就一齐出动，轮番往山上运送原料，就是在远离广胜寺几十里外的村庄，那里的牛马虽然都拴在自己的槽头上，

郭子仪 唐代著名军事家，武举出身，祖籍山西汾阳。他在父亲的教育和影响下，从小爱读兵书，练武功，无论读书还是习武都刻苦认真。他身材魁梧，体魄健壮，相貌秀杰，不仅武艺高强、阵法娴熟，而且公正无私，不畏权贵。

**琉璃** 亦作"瑠璃"，是指用各种颜色的人造水晶为原料，采用古代的青铜脱蜡铸造法高温脱蜡而成的水晶作品。其色彩流光溢彩、精美绝伦；其品质晶莹剔透、光彩夺目。琉璃是佛教"七宝"之一、"中国五大名器"之首。我国琉璃生产历史悠久，最早的文字记载可以追溯到唐代。

但也都汗水淋淋，就像实际参加驮运一样。

当时有一首歌谣：

> 广胜寺有个白发仙，
>
> 能叫六畜上了山，
>
> 鸡背瓦，羊驮砖，
>
> 牛马在圈也出汗。

由于运输队伍逐渐扩大，不久便把全部材料备齐了。当塔建到第三层以后，脚手架越造越高，施工速度越来越慢，匠人们都很着急，停工吧，不好向寺院住持交代，再干吧，又不会腾云驾雾。

正在匠人们进退两难之际，那位白发老人又来到工地，仰天长叹欲言而又不语。

匠人们知道他是神仙，神通广大，便纷纷围拢上去，向他求主意，老人说道："我这么大年纪，已

■山西洪洞广胜寺

■山西广胜寺飞虹塔

半截入土，半截入土啊！你们自己想办法去吧！"说罢，就飘然而去。

有些人尾随在老人的后面，见老人站在悬崖的石洞口，朝着塔点头微笑，转身入洞，再也不出来了。

老人走了以后，一个匠人将老人的话细细琢磨了一番，渐渐明白了"半截入土"的含意。于是招呼大家向塔的四周堆土，建一层便堆一层土，这样，施工便方便多了。

随着塔高一丈，土就增十尺，终于将塔全部修成，最后匠人们把土刨去，一座宏伟壮观的宝塔，便屹立于大地之上。由于它全身用红、黄、橙、绿、青、兰、紫七色琉璃砌成，在阳光的折射下，散发出彩虹般的光晕，于是人们给它起了个优美名字，"飞虹塔"。

塔平面八边形，是有十三檐的楼阁式佛塔，全高47.6米。除底层为木回廊外，其他均用青砖砌

斗拱 亦作"斗栱"，我国建筑特有的一种结构。在立柱和横梁交接处，从柱顶上的一层层探出成弓形的承重结构叫拱，拱与拱之间垫的方形木块叫斗。两者合称斗拱。也作枓拱、枓栱。由斗、拱、翘、昂、升组成。斗拱是我国建筑学会的会徽。

■塔基上的佛像雕刻

**藻井** 是我国古代殿堂室内顶棚的一种独特做法，一般做成向上隆起的井状，有方形、多边形或圆形凹面，周围饰以各种花藻井纹、雕刻和彩绘。多用在宫殿、寺庙中的宝座、佛坛上方最重要部位。

成，各层皆有出檐。塔身用黄、绿、蓝、紫琉璃装饰，一、二、三层最为精致，有飞檐凌空下的斗拱，制作精巧的莲花椅柱，上刻各种图案，佛像凝重肃穆，菩萨慈祥可人，和尚憨态可掬，力士威风抖擞，童子天真活泼，造型生动逼真，色泽艳丽夺目，各种构件和图案塑制精细，彩绘鲜明。

塔内中空，有踏道翻转，可攀登而上。从底层围廊顶上的琉璃瓦，到二层以上八个主面的琉璃浮雕悬塑的千百个构件，技艺超凡，国内罕见，叹为观止。整座佛塔轮廓清晰，形象生动，制工精致，气势雄伟。

在塔的13层八角上，有龙头琉璃套兽，兽嘴中挂有风铃，共114个。其第二层外部琉璃构建最多，布局最为华丽，八个柱脚由头顶莲子盘的力士担当，每个檐面斗拱下部都有琉璃金刚坐像，无一重复。

飞虹塔顶部还有绚烂多姿的藻井，整个布局宛若西天胜境一样，曲曲折折的云梯可以一直攀援到宝塔的十层。

清康熙三十四年（公元1695年），平阳盆地发生八级大地震，此塔也安然无恙，显示了这座古塔设计施工的高水平。塔顶有当年地震的题记，为研究当年平阳地震情况提供了宝贵资料。

塔底部的围廊建于明天启二年（1622年），虽然比飞虹塔晚建近百年，但衔接自然，风格一致。飞虹塔经受了四百余年的风雪侵蚀，坚如磐石，完好无损。古往今来，赞美广胜寺和飞虹塔的名诗真是数不胜数。

唐太宗李世民曾经率兵在广胜寺附近打过一次大胜仗，因此，在他存世不多的作品中，就有一首赞美广胜塔院的杰作：

鹤立蛇行势未休，

五天文字鬼神愁。

龙蟠梵质层峰峭，

凤展翎仪已卷收。

正觉应同真圣道，

邪魔交闭绝踪由。

儒门弟子应难识，

穿耳胡僧笑点头。

从这首诗能够感受到唐代初年广胜寺的香火极为鼎盛，而且里面还住有戴着耳环的胡僧，笑容可掬地站在门口频频点头。明代诗人林中猷，嘉靖年间曾经做过当时赵城县的典史，在他的笔下，可以看到刚刚修葺一新的琉璃宝塔的踪影：

寺古前朝建，山灵历代传。

插天千尺塔，涌地万寻泉。

松老栖云鹤，僧闲种水田。

簿书忙里度，暂得祈谭元。

从这两首诗可以感觉到，广胜寺和飞虹塔，从来都是帝王才子眼中的人间圣境和建筑精品。山是灵山，水是秀水，身处其间的广胜寺飞虹塔更多了几分魅力。作为五座佛祖舍利塔之一的飞虹塔和曾在这里珍藏的《赵城金藏》及元代壁画并称为"广胜三绝"。

飞虹塔是全国现存最大最完整的琉璃塔，在阳光的照射下，五彩斑斓的的琉璃塔折射出耀眼的光芒，绚丽的色彩使得历经数百年风雨的琉璃构件依然历历如新。

阅读链接

飞虹塔，塔身是由琉璃镶嵌，俗称琉璃塔。该塔始建于汉代，后来屡经重修。1516年始建，到1527年完工，历时12年建成的。

1621年，京师大慧和尚在飞虹塔的底层加建了一圈回廊，就成了后来的规模。

1962年，有人又在飞虹塔第九层的莲瓣上发现了"匠人尚延禄、张连文、王述章造"的字样，这是迄今为止我国发现的古代琉璃塔中唯一留有工匠题款的建筑精品。

# 朱棣下令仿照图样建宝塔

明朝明成祖朱棣在位时，有一位印度僧人班迪达自西域来到北京，向明成祖呈献了5尊金佛和印度式"佛陀伽耶塔"，也就是金刚宝座塔的图样。

明成祖与他谈经论法十分投机，便封他为大国师，并授予他金印，并在西直门高粱河北岸，为他建了一座寺，寺名为"真觉寺"。

真觉寺大门

■真觉寺金刚宝座塔

后来，明成祖又下旨根据这位高僧提供的图样，在真
觉寺内建造金刚宝座塔，并对真觉寺重新修复。

1473年，金刚宝座塔终于建成了。这时的真觉寺
前临长河背依西山，成为当时京城人重阳登高、清明
踏青的好去处。

1751年，乾隆皇帝为了给其母做寿，第一次重修
真觉寺，后来为了避雍正皇帝"胤禛"的名讳，乾隆
皇帝把真觉寺改名为"大正觉寺"。

1761年，是当朝皇太后的70岁大寿，真觉寺作为
祝寿的主要场所之一，又进行了全面修葺，并请来
1000名僧人念经，各国使臣都进贡了寿礼，朝中大臣
们奔波于殿前塔后。

当时热闹繁华的情景被绘制在一幅彩图中。图画
再现了真觉寺当年的全貌：南临长河，南北向中轴线
上依次排列着牌楼、山门、天王殿、大雄宝殿、金刚

宝座、毗卢殿、后大殿，东西分别列钟鼓楼、廊庑配殿等大小200余间旁屋。寺内主要建筑屋顶全部换上黄色琉璃瓦，在阳光照耀下闪闪发光，金碧辉煌，显示出皇家寺院的威严与气势。

自清朝后期开始，真觉寺便逐渐衰落了，到了1925年左右，真觉寺内仅剩下一塔兀立于一片瓦砾之中。由于无人看管，宝塔的铜质镏金塔刹多次被盗。

迫于无奈，在1937—1938年，对真觉寺进行了一些简单的修缮，增添了院墙、门楼及门楼两侧6间南房，院内圈地30亩。所庆幸的是，寺内两棵与塔同龄的白果树竟幸免于难。

金刚宝座塔使用的建筑材料是砖和青石，内部砖砌，外表以砖瓦砌成。其建筑外形可分为下层宝座和上层五塔两部分。

宝座高7米多，建于高约50厘米的台基之上。宝

■金刚宝座塔前门

■ 金刚宝座塔后门

宝塔珍品

巧夺天工的非常古塔

**金刚杵** 又叫宝杵、降魔杵等。原为古代印度之武器。由于质地坚固，能击破各种物质，故称金刚杵。在佛教密宗中，金刚杵象征着所向无敌、无坚不摧的智慧和真如佛性，它可以断除各种烦恼、摧毁形形色色障碍修道的恶魔，为密教诸尊之持物或瑜伽士修道之法器。

座最下层是高近两米的须弥座。

须弥座至宝座顶分作五层，每层均有挑出的石制短檐，檐头刻出筒瓦、勾头、滴水及椽子，短檐之下周匝全是佛龛，每龛内雕坐佛一尊，佛龛之间用雕有花瓶纹饰的石柱相隔，柱头并雕出斗拱以承托短檐。

宝座的南北两面正中各开券门一座，通入塔室。拱门券面上刻有金翅鸟、狮、象、孔雀、飞羊等图饰。南面券门之上嵌有"敕建金刚宝座、大明成化九年十一月初二日造"铭刻的石匾额。

南面券门入塔室，中心有一方形塔柱，柱四面各有佛龛一座，龛内原有佛像已不存在。在过室的东西两侧，各有石阶梯44级，盘旋而上，通向宝座顶上的罩亭内。罩亭为琉璃砖仿木结构，亭之南北也各开一座券门，通向宝座顶部的台面，台面四周都有石护栏围绕。

宝座外形的装饰材料均为青白石。宝座平面为长方形，南北长18米多，东西宽15米多，南北立面各有一方形塔柱，塔柱东南西北四面各有一小佛龛。

宝座顶部的台面四周绕以石护栏，东西各有一罩亭。罩亭为琉璃砖仿木结构，亭之南北各开一券门通台面。五塔就建在这宝座顶部的台面上，中央为一大塔，四角各置一小塔。

五塔均为密檐式，全部采用青石砌成。中央大塔高约8米，下层为须弥座，其上有13层密檐，每层密檐下周匝刻有小佛龛及佛像。塔刹为铜制。塔座南面正中刻有佛足迹一对，是佛的象征，有"佛迹遍天下"之意。传说佛祖圆寂之前留足迹于摩揭陀国一块石头上，后人刻佛足以示敬仰。

四角小塔形同大塔，只是高度约低大塔1米，塔檐11层，塔刹为石制。

在宝座和五塔的须弥座上密布着佛足迹、佛像、

151

古塔荟萃

四大古塔

■金刚宝座塔石刻

五佛宝座、八宝金刚杵、菩提树、法轮、花瓶、天王、罗汉、梵文和卷草等。

金刚宝座塔虽然是以印度的"佛陀迦耶塔"为蓝本，但还是融合了我国传统的建筑和雕刻艺术，是中外文化交流的实证。

我国现存的金刚宝座塔共有六座，在北京就有四座。其他两座在内蒙古呼市的慈灯寺里有一座，寺庙建于清雍正五年（1727年），1732年建成，建成后朝廷命名该寺庙为慈灯寺。后寺庙败落，仅存五塔。

还有一座在云南昆明官渡的妙湛寺里，建于明天顺二年（1458年），应该是"金刚宝座塔"图纸传到中国后，修建的第一座塔。它是我国现存年代最久的唯一用砂石构筑的佛塔。

宝塔珍品 巧夺天工的非常古塔

**阅读链接**

金刚宝座塔位于北京市海淀区西直门外白石桥以东的长河北岸，高粱河是长河的一部分，关于高粱河还有一个传说呢！

相传，明朝初期，燕王和刘伯温把北京选作都城，当时的北京是一片苦海，刘伯温便命令掌管北京水源的龙王把水搬到别处，否则就修座门把他压在底下。

龙王无奈，只好照办。北京城建好后，龙王忌恨刘伯温，便偷着把城中水井的水抽干，放在水袋里和龙母一起推着小车逃出了西直门。

刘伯温知道后，派大将高亮骑快马去追。高亮赶上了龙王，向车上的水袋猛戳一枪，立刻山崩地裂一声响，高亮调马便跑，快到城门时，他回首一瞧，见洪水滚滚，一个浪头把他连人带马冲进了长河。

之后，水势慢慢缓和下来，流入了长河。高亮为北京城保住了水源，人们为了纪念他，便在他被淹的地方修起一座白色的小石桥，取名"高亮桥"，这河也被称为"高亮河"，后音转为"高粱河"。